幼児教育方法論

戸江茂博

監修

田中卓也
松村　齋
小島千恵子

編著

学文社

執　筆　者 (順不同)

【監修者】

戸江　茂博　　神戸親和女子大学・教授 (第1章)

【編著者】

田中　卓也　　静岡産業大学・教授 (第4・11章)
松村　齋　　　大垣女子短期大学・教授 (第14章)
小島千恵子　　名古屋短期大学・教授 (第15章)

【分担執筆者】

川村　高弘　　神戸女子短期大学・教授 (第8章)
五十嵐淳子　　東京家政大学・准教授 (第13章)
橋爪けい子　　浜松学院大学短期大学部・准教授 (第7章)
中澤　幸子　　名寄市立大学・准教授 (第6章)
山西　加織　　高崎健康福祉大学・准教授 (第9章)
鈴木　和正　　常葉大学・准教授 (第2章)
伊藤恵里子　　千葉明徳短期大学・准教授 (第5章)
和田真由美　　姫路大学・専任講師 (第3章)
谷原　舞　　　大阪信愛学院短期大学・専任講師 (第10章)
井上裕美子　　東京家政大学・保育士 (第12章)

【イラスト】

加藤　緑　　　清和大学短期大学部・専任講師 (カフェタイムコラム①〜⑥)

はじめに

　ここに『幼児教育方法論』を上梓いたします。

　本書は，幼児教育・保育の実践のための有意な指針となるよう，幼児教育・保育の進め方について，さまざまの視点から説き起こした論考を編集したものです。幼児教育・保育の内容，方法，計画など，実践に近接する分野について，できるだけ実践的に解明しようとしています。

　幼児教育（保育）の内容と方法が中心となっているのですが，書名は『幼児教育方法論』としました。その理由は，「方法」というものを広義にとらえようとしたためです。「方法」というのは，「しかた。てだて。目的を達するための手段」（『広辞苑』第 6 版）という意味ですが，幼児教育（保育）の実践に即して考えてみると，「しかた」や「てだて」は実践していくための方途というような意味で，進んでいく道がイメージされます。このように考えると，実践色の濃い幼児教育（保育）の内容（子どもにどのようなことを経験させるか）も幼児教育（保育）の方法（どのように保育を進めていくか）も一緒になって「しかた」の中に入ってくるものとして考えられるのです。そういうわけで，内容と方法を併せて，概念的に幅広い意味を有している「方法」を優先して，『幼児教育方法論』としたわけです。

　注意深い読者はすでにお気づきのことと思いますが，とてもまどろっこしく「幼児教育・保育」，「幼児教育（保育）」，また「教育方法，保育方法」といった表現が繰り返し使われています。「教育」か「保育」かどちらかで統一すればよいのにと思っておられるかもしれません。その通りです。いえ，その通りではないです。

　混乱しそうですが，私たち幼児教育や保育の世界における「教育」と「保育」についてあらためて考えてみましょう。幼稚園と保育所が一体化された施設として，「認定こども園」という制度があります。幼稚園の機能と保育所の機能を併せ持つということですが，その法令やそのガイドラインである「幼保連携型認定こども園教育・保育要領」を見てみると，認定こども園の説明がなされるとき，一貫して「教育，保育」あるいは「教育及び保育」といわれます。短時間の幼稚園的機能をさして「教育」といい，長時間の保育所的機能をさして「保育」といわれていることは明らかです。幼稚園が行っているのを教育といい，保育所が行っているのを保育ということを定義的に明確にしようとしている感があります。また，幼稚園は

i

学校教育の一端を担っているから「教育」であり，児童福祉施設で勤務するのが保育士であるので，保育所は「保育」であるということも成り立つでしょう。

このように考えると，制度的な意味を含んで使用されるとき，「教育」が幼稚園や認定こども園に，「保育」が保育所に対応して使われるようです。しかし，実践的な意味を含んで使用されるときは，「教育」と「保育」は幼稚園でも保育所でも，同じような意味を持つものとして使われています。実際，幼稚園と保育所は共通して健全な子どもの育ちの基礎づくりをしようとしているのですから，その機能や役割を「教育」と「保育」に分けて使用するのはいかがなものだろうという声もあります。その意味では，教育と保育を使い分けること自体に意味がないという議論も成り立ちます。事実，言葉の根源的な意味においても，「教育」と「保育」の概念に違いはありません。両方とも，広義において「いのちの養い」という意味を持ちます。「教育」は「いのちの養い」を包括的に示すものであり，「保育」はケアリングを含んだ「いのちの養い」を意味するものと考えることができます。

「教育」と「保育」の意味や意義については，原則的に以上のような共通認識をもって，私たちは記述を進めてきました。したがって，「幼児教育」，「教育」といえば幼稚園を指し，「保育」といえば保育所を指すという認識ではなく，教育と保育，教育内容と保育内容，教育方法と保育方法は原則として同じような意味を持つものとして共通理解し，記述内容の文脈に沿って使用するようにしています。

はじめに述べましたように，本書は，幼児教育・保育の具体的な展開をイメージしながら，できるだけ実践的に記述しています。幼児教育・保育に携われる方々にとって，すぐに役に立つ有益な書物となりますように願ってやみません。

最後になりましたが，わたくしどもの遅々として進まない執筆状況を辛抱強く待ってくださり，適切な助言をいただくなど，さまざまな側面から支えてくださった田中千津子氏はじめ学文社の編集部の方がたに深謝いたします。

2019 年 3 月

監修者　戸江　茂博

目　次

はじめに　i

第1章　保育の基本と保育内容・保育方法を理解する　1

1. 保育の基本 ……………………………………………………………………………… 1
   (1) 保育とは何か　1／(2) 養護（ケア）と教育の一体性　2／(3) 生活の教育　3／
   (4) 遊びの教育　4／(5) 環境を通して行う教育　4
2. 保育の内容 ……………………………………………………………………………… 5
   (1) 生活と遊び　6／(2) 養護の内容と教育の内容　7
3. 保育の方法 ……………………………………………………………………………… 11
   (1) 子どもと共に歩む保育　11／(2) 遊びを通して行う総合的な保育　12／(3) 環境を通して行う保育　13

第2章　西洋における教育思想と教育方法の歴史を学ぶ　15

1. 近代教育思想の成立と幼児教育 ……………………………………………………… 15
   (1) ペスタロッチの教育思想と教育実践　15／(2) フレーベルの教育思想と教育実践　16／
   (3) 恩物の考案　18
2. 子ども中心主義の思想と教育 ………………………………………………………… 19
   (1) 新教育運動の成立と展開　19／(2) ケイと『児童の世紀』　19／(3) モンテッソーリと「子どもの家」　20
3. 進歩主義教育とジョン・デューイ …………………………………………………… 21
   (1) ジョン・デューイの教育思想　21／(2) 進歩主義教育における代表的実践　22

カフェタイム（コラム）①　「他人のルール」から「自分のルール」へ　24

第3章　日本における保育内容と保育方法の歴史を学ぶ（戦前）　25

1. 近代における学校教育のはじまり ……………………………………………………… 25
   (1) 前近代の教育方法　25／(2) 近代学校の成立と制度化　26／(3) 幼稚園の誕生と東京女子師範学校附属幼稚園の教育方法　26
2. 明治期における教育方法の発展 ……………………………………………………… 28
   (1) 教育勅語と明治20年代の教育方法　28／(2)「幼稚園保育及設備規程」の公布　28／
   (3) 遊びを中心に据えた幼児教育　29
3. 新教育運動と保育思想の発展 ………………………………………………………… 29
   (1) 新教育運動と「幼稚園令」　29／(2) 倉橋惣三の誘導保育論　30／(3) 城戸幡太郎と保育問題研究　31／(4) 戦時下における幼児教育　31

4. 戦後の幼児教育のはじまり ……………………………………………………………… 31
    (1) 戦後の幼児教育制度の改革　31 ／ (2) 現代の幼児教育に向けて　32

第4章　日本における保育内容と保育方法の歴史を学ぶ（戦後）　33

  1. 経験主義の教育方法と「保育要領」（1948年）……………………………………… 33
  2. 総合的な指導と「幼稚園教育要領」（1956年，1964年）・「保育所保育指針」（1965年）……… 35
  3. 環境による保育と「幼稚園教育要領」（1989年）・「保育所保育指針」（1990年）……… 36
  4. 生きる力の基礎を育む保育と「幼稚園教育要領」（1998年）・「保育所保育指針」（1999年）
    ……………………………………………………………………………………………… 39
    (1)「幼稚園教育要領」（1998年）　39 ／ (2)「保育所保育指針」（1999年）　40
  5. 「子育て支援」と「幼稚園教育要領」（2008年）・「保育所保育指針」（2008年）……… 41
    (1)「幼稚園教育要領」（2008年）・「保育所保育指針」（2008年）　41 ／ (2)「幼保連携型認定こども園教育・保育要領」（2014年）　44
  6. アクティブ・ラーニングと「幼稚園教育要領」（2017年），「保育所保育指針」（2017年），
    及び「幼保連携型認定こども園教育・保育要領」（2017年）………………………… 45

第5章　「幼稚園教育要領」「保育所保育指針」「幼保連携型認定こども園教育・保育要領」における教育・保育方法について学ぶ　49

  1. 「幼稚園教育要領」「保育所保育指針」「幼保連携型認定こども園教育・保育要領」の改訂（改定）とそのポイント ……………………………………………………………… 49
    (1)「幼稚園教育要領」「保育所保育指針」「幼保連携型認定こども園教育・保育要領」の改訂（改定）　49 ／ (2) 3要領・指針改訂（改定）のポイント　49
  2. 「幼稚園教育要領」「保育所保育指針」「幼保連携型認定こども園教育・保育要領」と教育・保育の方法 ……………………………………………………………………………… 56
    (1) 教育・保育の基本とは　56 ／ (2) 教育・保育の方法とは　58
    カフェタイム（コラム）②　「遊び」の大切さを理解できる保育者に　60

第6章　子どもの発達と特性を知る　61

  1. 発達とは何か …………………………………………………………………………… 61
    (1) 発達の概念　61 ／ (2) 発達の量的変化と質的変化　61 ／ (3) 発達の順序性と方向性　62 ／ (4) 遺伝的要因と環境的要因　63
  2. 子どもの標準の発達 …………………………………………………………………… 63
    (1) 発達の段階　63 ／ (2) 子どもの標準の発達の特徴　64 ／ (3) 子どもの発達を理解するための理論　65
  3. 特別な支援を必要とする子どもの発達 ……………………………………………… 66

(1) 特別な支援を必要とする子どもの発達の特徴　67 ／（2) 特別な支援を必要とする子どもの障害の特性　67

第 7 章　幼児理解とその方法について学ぶ　71

1. 一人ひとりの子どもを理解する（幼児理解） ………………………………………………… 71
2. 子どもの発達の時期をとらえる ………………………………………………………………… 72
3. 幼児保育に基づく保育の方法 …………………………………………………………………… 74

　(1) 体を育てる　74 ／（2) 心を育てる　77

4. これからにつながる保育 ………………………………………………………………………… 79

　カフェタイム（コラム）③　「子どもが模倣する対象」としての役割　80

第 8 章　環境を通して行う保育を学ぶ　81

1. 環境を通して行う保育 …………………………………………………………………………… 81
2. 保育の環境 ………………………………………………………………………………………… 84
3. 子どもにふさわしい保育環境の構成 …………………………………………………………… 85
4. 身近な自然環境との関わり ……………………………………………………………………… 87
5. 環境を生かした保育方法 ………………………………………………………………………… 88

第 9 章　遊びと保育の関係を学ぶ　91

1. 幼児期にふさわしい遊びとは …………………………………………………………………… 91
2. 遊びを支える保育者の役割 ……………………………………………………………………… 93

　(1) 信頼関係を築く　93 ／（2) 子どもを理解する　94 ／（3) 保育を実践する（環境構成と遊びの援助）　95 ／（4) 遊びを指導する，伝承する　97

　カフェタイム（コラム）④　「不思議だな」と思う気持ちを大切にする保育　98

第 10 章　幼児とのコミュニケーションを実践する　99

1. 幼児とのコミュニケーション …………………………………………………………………… 99

　(1) 予測不可能な時代に生きる子どもたちに必要な力　99 ／（2) コミュニケーションの始まり　100 ／（3) 年齢に応じたコミュニケーション　101 ／（4) 幼児の"いま"を支えるコミュニケーション　102

2. 「言葉による伝え合い」の姿を育むために …………………………………………………… 103
3. 保護者と子どものコミュニケーションの架け橋に …………………………………………… 104
4. 外国のルーツをもつ幼児とのコミュニケーション …………………………………………… 105

第11章　幼児教育とメディアについて学ぶ　107

1. 幼児向け教育番組の変遷 ······················ 107
   (1) ラジオ放送の開始と幼児教育番組の登場　107 ／ (2) ラジオ放送からテレビ放送へ　107 ／ (3) NHK人気番組「おかあさんといっしょ」「セサミストリート」の登場　108 ／ (4) 低年齢幼児対象番組の登場—「できるかな」，「ばくさんのかばん」，「おーい！ はに丸」—　108 ／ (5) 時代の変化に対応した幼児向け番組　109 ／ (6) 幼稚園・保育所とテレビ・ラジオ幼児向け番組の普及　110

2. メディアとしての児童文化財 ······················ 110
   (1) 電子メディアからアナログのメディアまで幅広い教材　109 ／ (2) 児童文化財とはどのようなものか　110 ／ (3) 児童文化財の特徴　110 ／ (4) 劇遊びと言葉遊び　112

3. メディアへの依存の危険性と注意の喚起 ······················ 112

4. 子どもの遊びとメディア—メディアの正しい活用— ······················ 113

5. 今後のメディアと保育の課題—メディアリテラシーの獲得と保育者の専門性向上のために—
   ······················ 113

   カフェタイム（コラム）⑤　子どもと保育者との関係構築〜目と目を合わせて
   　　　　　　　　　　　　語りかけること〜　115

第12章　保育計画とは何か，考え方を学ぶ　117

1. 保育の計画の必要性 ······················ 117
   (1) 子どもの「今」と，保育者の「思い」のバランスを見直し整理できる　118 ／ (2) 計画を立てた保育者自身が見通しをもつことができる　118 ／ (3) 他の保育者からみて，何をするか理解できる　118

2. 保育の計画の種類 ······················ 119
   (1) 全体的な計画　119 ／ (2) 指導計画　120 ／ (3) その他の計画　121

3. 保育の計画の基本となるポイント ······················ 122
   (1) 子どもの発達を理解する　122 ／ (2) 子どもの実態を把握する　122 ／ (3) 地域や家庭のニーズを把握する　123

4. 保育の計画の考え方 ······················ 123
   (1) 幼稚園における保育の計画の考え方　123 ／ (2) 保育所における保育の計画の考え方　124 ／ (3) 幼保連携型認定こども園における保育の計画の考え方　124

5. カリキュラム・マネジメントとの関連 ······················ 125

第13章　保育計画とは何か，指導案を立ててみよう　127

1. 保育計画とは ······················ 127
2. 指導計画案作成の基本 ······················ 128
3. 指導計画と保育実践における留意点 ······················ 129
4. 指導案作成でのポイント ······················ 129

5．指導案作成の具体的な書き方 ……………………………………………………… 130
　　（1）子どもの現状を理解　130／（2）保育のねらいの立て方　130／（3）内容の立て方　131／
　　（4）子どもの動きを予測します　132／（5）活動時間　132／（6）環境の構成　133／（7）保
　　育者の援助・配慮点　133／（8）反省・評価　134／（9）その他　134
　6．指導案例の提示と解説 ……………………………………………………………… 135
　　（1）運動遊びの指導案　135／（2）反省・評価の書き方　137

第14章　発達障害のある子どもへの保育のあり方を学ぶ　139

　1．園におけるさまざまな子どもたち ………………………………………………… 139
　2．発達障害のある子どもたちを支援する保育者として …………………………… 140
　3．発達障害のある子どもたちを子育てする保護者への支援 ……………………… 142
　　（1）子どもの成長を先生から聞けることは何よりも嬉しいこと　142／（2）発達障害のある子
　　どもの保護者の思い　143／（3）「できない」よりは「できた」といわれたい　143
　4．発達障害のある子どもたちの内面を理解する …………………………………… 144
　5．保幼小中高の連続性での「今」を大切にする保育実践 ………………………… 145

第15章　保幼小連携をふまえた保育のあり方を学ぶ　149

　1．小学校との接続における幼児教育 ………………………………………………… 149
　　（1）2017年の改訂が意味すること　149／（2）「遊びが学び」乳幼児期の発達や学びの特性
　　149／（3）「遊びが学び」の基　150
　2．環境を通して行う保育　アクティブ・ラーニング ……………………………… 151
　　（1）幼児期のもののとらえ方　152／（2）主体的・対話的で深い学び　152
　3．幼児期に育みたい資質・能力 ……………………………………………………… 152
　　（1）小学校課程における資質・能力　153／（2）幼児期における資質・能力　153／（3）「幼
　　児期の終わりまでに育ってほしい姿」　155／（4）「幼児期の終わりまでに育ってほしい姿」を
　　理解して実践することの意味　155
　4．保幼小連携協働を目指すための保育者の専門性 ………………………………… 157
　　（1）子どものありのままを受けとめ，「遊びが学び」を実践できる　157／（2）環境を創りだす
　　力・具体的に保育をデザインして実践する力　157／（3）特別な配慮を要する子どもへの対応
　　力　158／（4）保護者と連携協働する力，子育てを支援する力　158／（5）小学校と連携する
　　力　159
　5．幼児教育と小学校教育のつながりを大切にするために ………………………… 159
　カフェタイム（コラム）⑥　幼児期からの外国語教育について考えよう！　160

おわりに　161

第1章
保育の基本と保育内容・保育方法を理解する

☞ 第1章は、幼児教育の方法を深く追求していくための入り口です。幼児教育にふさわしい内容や方法が編み出されていく基となる保育・幼児教育のあり様を糸口にして、乳幼児の育ちにふさわしい保育内容と保育方法の基礎について述べています。☜

1. 保育の基本

(1) 保育とは何か

「保育」とは、乳幼児の健全な心身の発達を図り、人間としての育ちを促していくことです。一般に、人間としての発達、成長を助長していく営みは「教育」とよばれますが、乳幼児を対象として行われる教育のことを際立たせていうときに、とくに「保育」といいます。教育と保育は、はたらきや役割としては同じようなものであり、対象によって異なった言い方をするだけです。したがって、乳幼児の教育は保育であるともいえますし、乳幼児の保育は教育であるともいえます。決して、コトバの遊びではなく、論理的にそのようにいえるのです。

「保育」を、そのはたらきや役割を踏まえて定義すると、「乳幼児のいのちを守り、いのちを輝かせること」といえるでしょう。乳幼児は心もとない存在です。それゆえ、その「いのちを守る」ということ自体が教育的営みです。そして、「いのちを輝かせること」とは、その生命力を伸ばし、ふくらませることです。

保育とは何かを知るために、一般の辞典類を参考にしましょう。たとえば、広辞苑（岩波書店、第5版）では、「保育」は、「（乳幼児を）保護し育てること」と説明されています。きわめてシンプルで明快な定義です。また、日本国語大辞典（小学館、第2版）では、「① まもりそだてること。特に、子どもが成長するまで育てること」、「② 幼児の心身の正常な発達を目的として、幼稚園・保育所・託児所などで行なわれる養護を含んだ教育作用」とあります。

2種類の辞典に共通しているのは、保育は、保護すること（守ること）と教育するという

二重のはたらきを併せ持つものということです。「保育」というとき、「保護する（守る）」というはたらきが同時に含まれていること、これをしっかりと確認しておきたいと思います。

さて次に、言葉の語源、語義から、「保育」の意味するものを探っていきましょう。まず、「保」ですが、『字源』（角川書店、増補）では、「たもつ、もつ」を原義として、「そだてやしなふ、まもる、いだく、もり・つきそひ、やすんず、全くす」などを意味します。すなわち、「育て養う、守る、抱く、守り・付き添い、安んじる、全うする」ということです。「保」自身に、育て養うこと、つまり「養育」の意味が含蓄されているのです。また、「守り・付き添い」という意味があることに注目したいと思います。「そばに付き添って守る」ということです。このことは、「保」の語源が示しています。中国の古代文字である甲骨文字では「保」は で あり、金文文字では でした。すなわち、「おさな子をおんぶしているさま」であり、「子どもをおむつで取り巻いてたいせつに守るさま」（『漢字源』学研、改訂第4版）なのです。「保」は、子どものそばにいて、そのいのちを守り養うことなのです。

「育」は、「そだてる」（そだつ）ことですが、甲骨文字では 、金文文字では でした。女性が子どもを生むさまがリアルに描かれています。のちに、 となり、「赤子が頭を下にした正常な姿で生まれるさま」（前掲書）を表すものとなりました。「育」は、生物的な意味合いをもっていたのです。また、『大言海』（冨山房）では、「巣立つるヨリ移ル。養む（はぐくむ）モ、羽裏む（はぐくむ）ナリ」とあり、親元から巣立って一人前になること（自動詞）、やしなう、はぐくむ（他動詞）が原義といえます。

このように語源をもとにしてみてくると、「保育」の原義は、子どもの傍らにいて、そのいのちを温かく包み込みながら守り、そのいのちを養い、育んでいくことといえます。

(2) 養護（ケア）と教育の一体性

「保育所は、その目的を達成するために、保育に関する専門性を有する職員が、家庭との緊密な連携の下に、子どもの状況や発達過程を踏まえ、保育所における環境を通して、養護及び教育を一体的に行うことを特性としている」（厚生労働省、2017：4）と述べられています。また、「保育における『養護』とは子どもの生命の保持及び情緒の安定を図るために保育士等が行う援助や関わりであり、『教育』とは、子供が健やかに成長し、その活動がより豊かに展開されるための発達の援助である。…実際の保育においては、養護と教育が一体となって展開されること」（同上書：13）が大切であるといわれています。このように、養護と教育の一体性が保育の基本的な特性なのです。ここでは保育所の保育に関して言われていますが、すべての乳幼児の教育が行われる場（保育所、幼稚園、認定こども園等）において、養護と教育が一体となった保育を行うことが求められています。養護しながらの教育、養護を基盤として展開

される保育，養護を含んだ教育作用ということです。

　保育の実際の場面に即して具体的にいうと，子どもをひとりの人間として尊重し，子どもの今のありのままの姿を受け止め，その心の安定を図りながら，乳幼児期にふさわしいさまざまな経験を通して子どもの成長・発達を促していくということです。また，「保育士等が子どもを一人の人間として尊重し，その命を守り，情緒の安定を図りつつ，乳幼児期にふさわしい経験が積み重ねられていくように丁寧に援助すること」であり，「子どもが，自分の存在を受け止めてもらえる保育士等や友達との安定した関係の中で，自ら環境に関わり，興味や関心を広げ，様々な活動や遊びにおいて心を動かされる豊かな体験を重ねることを通して」（厚生労働省，2018：15）さまざまな力を育んでいくことです。このように，養護と教育が溶け合うように重なり合って保育が進められていくさまを，養護と教育の一体性といいます。

(3) 生活の教育

　保育は，小学校の教育のように，学ぶべきさまざまな教科目があって，教師がそれらを教授し，子どもたちがそれらを学習していくというような仕組みとなっていません。すなわち，小学校教育では，最初に学ぶべき知識や技能があって，それらを教授－学習の過程を通して，身に付けさせていきます。これに対して，保育においては，最初にあるのは，子ども自身が成長し発達していく姿なのです。子ども自身がいつも最初にあって，そのいのちが輝くようにさまざまな気遣いをしていくことが保育という営みです。保育においては，つねに子どもたち自身から始まる教育が，すなわち子どもたちの生活から始まる教育がなされるのです。

　かつて，倉橋惣三は，保育の基本を「生活を生活で生活へ」というスローガンで表現しました。子ども自身の「さながらの生活」（生活実態）が出発点にあり，それをより豊かな生活に高め，子どもが生き生きとした生活を通して自己充実していくことを目指したのです。

　幼稚園教育要領（2017）の冒頭において，「幼稚園教育の基本」が述べられていますが，その一つは，「幼児は安定した情緒の下で自己を十分に発揮することにより発達に必要な体験を得ていくものであることを考慮して，幼児の主体的な活動を促し，幼児期にふさわしい生活が展開されるようにすること」（下線は筆者による）となっています。幼児期にふさわしい生活を展開し，その中で自己充実していくことが幼児教育，保育の要点であることが示されています。また，保育所保育指針（2017）においても，子ども自身の生活を充実させていくことの大切さが至るところで強調されています。一例を挙げましょう。「保育所は，こうした人，物，場などの環境が相互に関連し合い，子どもの生活が豊かなものとなるよう，…計画的に環境を構成し，工夫して保育しなければならない」（第1章総則 1 保育所保育に関する基本原則より。下線は筆者による）。ここでは，環境を通して行う教育の中で，なにより子どもの生活が豊かな

ものとなるように配慮していくことの大切さが述べられています。

(4) 遊びの教育

　子どもの生活の中心は，遊びです。子どもは遊んで生きているのです。先ほど，保育においては，つねに「子どもたち自身から始まる教育」がなされると述べました。子どもの生活が遊びを中心として営まれるならば，遊びは，まさしく子どもたち自身から始まる教育にほかなりません。こうして，「遊びの教育」は保育の基本のひとつとなるのです。

　「幼稚園教育要領解説」(2018)において，遊びを通して行う教育の大要が次のように述べられています。「幼児期の生活のほとんどは遊びによって占められている。遊びの本質は，人が周囲の事物や他の人たちと思うがままに多様な仕方で応答し合うことに夢中になり，時の経つのも忘れ，その関わり合いそのものを楽しむことにある。すなわち遊びは遊ぶこと自体が目的であり，人の役に立つ何らかの成果を生み出すことが目的ではない。しかし，幼児の遊びには幼児の成長や発達にとって重要な体験が多く含まれている。／…自発的な活動としての遊びにおいて，幼児は心身全体を働かせ，様々な体験を通して心身の調和のとれた全体的な発達の基礎を築いていくのである。その意味で，自発的な活動としての遊びは，幼児期特有の学習なのである。したがって，幼稚園における教育は，遊びを通しての指導を中心に行うことが重要である」(文部科学省，2018：34-35)。

　「保育所保育指針解説」(2018)においても，ほぼ同様の趣旨のことが述べられています。「遊びには，子どもの育ちを促す様々な要素が含まれている。子どもは遊びに没頭し，自らの遊びを発展させていきながら，思考力や企画力，想像力等の諸能力を確実に伸ばしていくとともに，友達と協力することや環境への関わり方なども多面的に体得していく。ただし，遊びの効用はこうしたことに限定されるものではない。遊びは，それ自体が目的となっている活動であり，遊びにおいては，何よりも『今』を十分に楽しむことが重要である。子どもは時が経つのも忘れ，心や体を動かして夢中になって遊び，充実感を味わう」(厚生労働省：23)。

　これらにおいて示されているように，遊びを通して指導を行っていくことだけではなくて，遊ぶことそれ自体が，遊びの生活そのものが教育であるという視点です。乳幼児期の教育，保育の本質的な特徴があらわれています。

(5) 環境を通して行う教育

　人間は，もとより「環境内存在」です。私たちはいつも何らかの環境の中に存在しています。人間が生きていくということ，いのちの営み自身が，環境の中にあって，環境との相互作用をしているということなのです。そして重要なことは，環境との関わりが最も豊かなのが，

乳幼児期であるということです。乳幼児は，まだ自己が十分に成熟していないがゆえに，環境からの影響を最もよく受けるのです。すなわち，自我の成熟が不十分な状態であるということは，周りの環境に，周りの世界に開かれているということです。開かれた心と体をもって，その敏感な感覚器官によって，ストレートに周りの環境を飲み込んでいきます。また，周りの環境へも融和していきます。そばで赤ちゃんが泣いていると，自分も泣き出す赤ちゃんがそうです。しなやかに周りの環境に共鳴してしまうのです。

周りの環境からの影響をとても受けやすいという，乳幼児期の発達の特性から考えて，乳幼児期においては，環境を通しての教育，環境による教育がなされることが大切です。

実際の保育場面においても，保育はつねに環境を通して行われています。しばしば，「保育は環境に始まり，環境に終わる」といわれます。このことが，環境を通して行う教育のあり様をよく示しています。「保育は環境に始まる」というのは，保育の過程は一般に，ねらいや内容を実現するための環境の構成→環境に関わるさまざまな子どもの活動→子どもの活動がいっそう豊かになるような保育者の援助，というように進んでいきます。このように，保育は，保育者が設定したねらいや内容を実現するためにさまざまな事前の配慮を行うことから始められますが，この事前の配慮の中で最も大切なものが環境づくりです。子どもが豊かな活動を繰り広げていくための場づくりといってもよいでしょう。子どもの豊かな活動を誘い出すためのさまざまな遊具や道具の準備，子どもが思わず関わりたくなるような環境の設定，子どもが自分から動き出したくなるような雰囲気づくりなど，これらの環境づくりから保育が動き始めるのです。まさしく，「保育は環境に始まる」のです。

また，そのように構成された環境に対して子どもが能動的に関わることが遊び活動です。遊びが十全に展開されるためには，適切に構成された環境が必要です。子どもが自分の力を出し切って心や体を躍動させる遊びは，つねに環境に関わって成し遂げられていくのです。このようにして，環境に関わって遊び活動は完結します。保育のインプットにもアウトプットにも，環境が大きく関係づけられているがゆえに，まさしく「保育は環境に始まり，環境に終わる」のであり，換言すれば，保育は，環境を通して行う教育として成立するのです。

2. 保育の内容

乳幼児の教育や保育の場（幼稚園，保育所，認定こども園等）で行われる教育や保育の基本的なあり方について，前節で，養護と教育の一体性，生活の教育，遊びの教育，環境を通して行う教育を示しました。これらいずれも，乳幼児の教育・保育の特徴をなすものと考えるこ

とができます。

　保育実践は，本書の「はじめに」でも述べましたように，子ども理解→保育の目的の設定→保育の内容→保育の方法→保育の形態，という構造を持っています。このような保育の展開を考えるとき，これらの4つの就学前教育・保育の基本的なあり方をしっかりと念頭に置いておかなければなりません。その上で，保育実践の中核となる「保育の内容」と「保育の方法」について考えていきましょう。

(1) 生活と遊び

　「保育の内容」を子どもが取り組む活動内容の視点から考えると，「生活」と「遊び」という範疇をイメージすることができます。

① 生　　活

a. 幼児期にふさわしい生活

　前節の「保育の基本」において「生活を通しての教育」を浮き彫りにしたように，「生活」は就学前の教育，保育のキーワードのひとつです。幼稚園教育要領解説（2018）には，「環境を通して教育することは幼児の生活を大切にすることである」（文部科学省：33）と，保育の特徴である「環境を通して行う教育」との密接な関係から，生活主義ともいうべきものが謳われています。そして，「幼稚園教育の基本に関連して重視する事項」のひとつとして，「幼児期にふさわしい生活が展開されるようにすること」と指摘されています。「幼児期にふさわしい生活」は「保育の内容」としての「生活」として理解することができます。幼稚園教育要領解説では，「幼児期にふさわしい生活」として3つの側面が挙げられています。

　「1. 教師との信頼関係に支えられた生活」
　「2. 興味や関心に基づいた直接的な体験が得られる生活」
　「3. 友達と十分に関わって展開する生活」

　保育者とともにある生活，子どもの主体的な活動を通して充実感を味わうことのできる生活，友達とともにある生活，ということです。これらは，具体的な保育内容を策定する際に十分に配慮しなければならないものです。

b. 基本的生活習慣

　「生活」というとき，生命の保持に関わる「基本的生活習慣」を無視することはできません。主として，食事，睡眠，排泄，着脱衣，清潔等に関わる子どもの生活的活動です。身体発達が未熟な乳児期（0歳児），タドラー期（1，2歳児）においては，とくに大切な保育内容ですし，子どもの健康が問題化されている昨今において，保育内容として重要な意味合いを持っています。また，近年では，食べること（食事）に関しては，食と人間的成長の不可分の

関係から,「食育」の保育内容も確立してきています。

　さらに,基本的生活習慣の形成は,子どもの自立的な成長,ひいては人格的な成長発達も促していきます。基本的生活習慣を自分で身に付けていくことによって,自分のことは自分でするという姿勢が形成され,自立の態度がつくられていきます。その意味で,基本的生活習慣の形成は,人格形成の軸でもあるのです。基本的生活習慣の形成は,子どもの自立性を促していく大切な保育内容と考えることができます。

② 遊　　び

　これまでも繰り返し述べてきたように,遊びは子どもの生活の中心です。それゆえ,保育内容の中心を占めるのも遊びです。

　遊ぶ子どもの姿を子どもの生命が最も輝く美しい表れとみて,遊びの意義を教育の中に位置づけたのが,フレーベル（F. W. A. Fröbel, 1782-1852）です。フレーベルは,主著『人間の教育』の中で次のように述べています。「遊戯することないし遊戯は,幼児の発達つまりこの時期の人間の発達の最高の段階である。…遊戯は,喜びや自由や満足や自己の内外の平安や世界との和合をうみだすのである。あらゆる善の源泉は,遊戯のなかにあるし,また遊戯から生じてくる」（フレーベル＝荒井訳,1964：71）。

　遊びは,子どもの生活活動としても,保育内容としても意義の高いものですが,近年の子どもはその遊びが奪われようとしている状況にあるといわれています。学歴社会を反映して,幼いころからお稽古事や塾に通うようになり,子どもが十分に遊ぶゆとりや時間がなくなりつつあります。また,戸外で十分体を動かして遊ぼうとしても,十分に開かれた遊ぶ場所が少なくなってきています。さらに,遊びはいつもつねに誰かと一緒に遊びます。つまり,遊びは共同であり,ともに遊ぶものですが,一緒に遊ぶ友達が,少子化のためどんどん少なくなっています。こうして,今の社会環境において,思い切り遊びたくても遊べない,遊ばない状況に追い込まれているのです。このような状況を踏まえると,遊びが子どもの活動の本質である限り,保育所や幼稚園こそが子どもの遊びを保障していく場とならなければならないのです。子どもがどんどん遊びを展開していくことができるような保育内容としていくことが求められています。

(2) 養護の内容と教育の内容

　「保育の内容」を子どもが成長発達する側面から考えると,「養護の内容」と「教育の内容」という範疇をイメージすることができます。

① 養　　護

　「養護」の内容は,保育所保育の保育の目標の「(ア) 十分に養護の行き届いた環境の下に,

くつろいだ雰囲気の中で子どもの様々な欲求を満たし，生命の保持及び情緒の安定を図ること。」を保育内容として具体化したものです。また，幼保連携型認定こども園の教育・保育の目標の「6 快適な生活環境の実現及び子どもと保育教諭その他の職員との信頼関係の構築を通じて，心身の健康の確保及び増進を図ること」（認定こども園法第9条）を保育内容として具体化したものともいえます。

幼稚園の機能や目標の中には明確に存在しているとはいえませんが，乳幼児の保育一般においては，すなわち，子どものいのちを守ることといのちを輝かせることを本分とする乳幼児の保育においては，養護と教育の一体性は極めて重要な保育機能であり，保育の内容として，「養護の内容」は必然的に導かれてくるものです。保育の内容としては，「生命の保持」と「情緒の安定」に係る保育内容を含みます。

a. 生命の保持

子どものいのちを守り，子どもが健やかに安全に生活できるようにするとともに，子どもの生理的な欲求を十分に満たしていくことによって子どもの健康増進を図っていくことが保育内容構成の基本となります。

b. 情緒の安定

子どもの心の成長を支えるための保育内容を編成することが大切です。子どもが安定感をもって過ごせるようにすること，自分の気持ちを安心して表すことができるようにすること，子どもと保育者の信頼関係を築いていくようにすることなどが保育内容として盛り込まれます。

一人ひとりの子どもに対応する方向性，保育者とともにある生活，子どもを温かく包み込むような働きかけを保育内容構成の指針とすることが大切です。

② 教　　育

「保育の内容」を，子どもが成長し身に付けていく発達の諸側面をもとにして，「視点」，「領域」，「姿」によって保育内容構成を考えます。子どもの成長発達に関しては，こころ，からだ，あたまの調和的な，バランスのとれた発達が望まれるところですが，保育所保育指針，幼稚園教育要領，幼保連携型認定こども園教育・保育要領では，年齢段階に応じて次のような保育内容構成が考えられています。

a. 視点（乳児の発達に即した保育内容構成）

乳児（0歳児）の発達に即した保育内容構成としては，身体的発達に関する視点「健やかに伸び伸びと育つ」，社会的発達に関する視点「身近な人と気持ちが通じ合う」，精神的発達に関する視点「身近なものと関わり感性が育つ」の3つの視点によって保育内容を構成するように求められています。さきほど指摘した，こころとからだとあたまの調和的発達に相応する

ような構成です。保育所保育指針（2017）及び幼保連携型認定こども園教育・保育要領（2017）において採用されています。

b. 領域（幼児の発達に即した保育内容構成）

　保育内容としての領域の考え方は，1956（昭和31）年に最初の幼稚園教育要領が試案として作成された時から，私たちになじみの考え方になっています。最初の幼稚園教育要領では，領域は，幼稚園教育の内容として，「幼児の生活全般に及ぶ広い範囲のいろいろな経験」を幼稚園教育の5つの目標（学校教育法第78条，当時。現在では学校教育法第23条。内容的にほとんど変わっていない）に従って，6つに分類したもの（健康，社会，自然，言語，音楽リズム，絵画製作）でした。すなわち，幼稚園生活において，子どもに経験してほしいものを6つに分けて配列したものです。保育所もこれに準じて，保育所保育の目標に対応して保育内容構成を行いました（保育内容構成は保育の目標を基礎としています。現在の保育の目標については，幼稚園のそれは学校教育法第23条に，保育所のそれは，保育所保育指針第1章総則に，幼保連携型認定こども園のそれは，認定こども園法第9条に示されています。）。

　しかし，平成元（1989）年における幼稚園教育要領の改訂によって，領域は（保育内容を領域によって構成するという考え方は維持したままで），その意義も構成も大きく変化することになります。領域は「幼児の発達の側面から」，すなわち幼児期の発達の姿を全体的に配慮して，「健康」，「人間関係」，「環境」，「言葉」，「表現」の5つの領域が構成し直されたのです。保育者の指導ではなく，子どもがそのいのちを輝かせ，すくすくと伸びていくことを保育の中心に置くという保育観の切り替えによって成し遂げられたのです。これ以降，現在に至るまで，保育内容は，この5領域によって示されています。現在の保育内容の構成（幼稚園教育要領，2017）は次の通りです。なお，保育所保育指針（2017）も幼保連携型認定こども園教育・保育要領（2017）も同じ考え方の保育内容構成となっています。

　(1) 心身の健康に関する領域「健康」（健康な心と体を育て，自ら健康で安全な生活をつくり出す力を養う）

　(2) 人との関わりに関する領域「人間関係」（他の人々と親しみ，支え合って生活するために，自立心を育て，人と関わる力を養う）

　(3) 身近な環境との関りに関する領域「環境」（周囲の様々な環境に好奇心や探究心をもって関わり，それらを生活に取り入れていこうとする力を養う）

　(4) 言葉の獲得に関する領域「言葉」（経験したことや考えたことなどを自分なりの言葉で表現し，相手の話す言葉を聞こうとする意欲や態度を育て，言葉に対する感覚や言葉で表現する力を養う）

　(5) 感性と表現に関する領域「表現」（感じたことや考えたことを自分なりに表現することを通

して，豊かな感性や表現する力を養い，創造性を豊かにする）

c. 姿（幼児から児童への接続期の発達に即した保育内容構成）

保育内容の構成を「姿」という範疇で示すことになったのは，現在の幼稚園教育要領（2017）においてです。これは，とくに幼児期から児童期への接続期の発達に視点を置いて考えられたもので，次に掲げる，生きる力の基礎を培うために幼児期において「育みたい資質・能力」を身に付けていく過程において経験していくものとして示されています。したがって，「幼児教育において育みたい資質・能力」は，保育内容そのものではなく，保育内容を具体的に想定していくための枠組みのようなものと考えましょう。「幼児教育において育みたい資質・能力」と「幼児期の終わりまでに育ってほしい姿」は，「幼稚園教育要領（2017），保育所保育指針（2017），幼保連携型認定こども園教育・保育要領（2017）に共通して採用されています。

○「幼児教育において育みたい資質・能力」
(1) 豊かな体験を通じて，感じたり，気付いたり，分かったり，できるようになったりする「知識及び技能の基礎」
(2) 気付いたことや，できるようになったことなどを使い，考えたり，試したり，工夫したり，表現したりする「思考力，判断力，表現力等の基礎」
(3) 心情，意欲，態度が育つ中で，よりよい生活を営もうとする「学びに向かう力，人間性等」

○「幼児期の終わりまでに育ってほしい姿」
① 健康な心と体，② 自立心，③ 協同性，④ 道徳性・規範意識の芽生え，⑤ 社会生活との関わり，⑥ 思考力の芽生え，⑦ 自然との関わり・生命尊重，⑧ 数量や図形，標識や文字などへの関心・感覚，⑨ 言葉による伝え合い，⑩ 豊かな感性と表現

「幼児教育において育みたい資質・能力」に関しては，幼児教育・保育の分野において，保育内容として，初めて「知識・技能」が登場したことです。これまで「知識・技能」は小学校以上の教育内容の基盤を形成するものでしたが，初めて幼児教育にも導入されたのです。学習内容として保育内容が示されたことにもなります。「幼児期の終わりまでに育ってほしい姿」は，ほとんどが保育内容5領域に含まれるものと考えられますが，「社会生活との関わり」のみ，小学校の「生活科」へのつながりを意識して設けられたものといえます。

3. 保育の方法

　「保育の方法」とは，具体的な保育実践を導いていく方針，メソッド，技術などを総称するものです。「方法」は，英語でいうと method ですが，原義は，古代ギリシア語の meta（したがって）+ hodos（道，way）であり，「道に従って」を意味します。『広辞苑』（岩波書店，第5版）では，「しかた。てだて。目的を達するための手段」となっており，目的を達するための手立てや道筋のことをいいます。保育の世界においては，保育の目的に達していくための保育の進め方，プロセスのことを指すものといえるでしょう。その意味では，保育実践の仕方，保育実践をリードしていく姿そのものなのです。そのような保育実践をリードしていく道筋として，代表的なものと考えられる，「子どもと共に歩む保育」，「遊びを通しての総合的な保育」，「環境を通しての保育」を取り上げ，どのような方法であるのかを見ていきましょう。

(1) 子どもと共に歩む保育

　本章の始めのところに，保育の原義は，「子どもの傍らにいて，そのいのちを温かく包み込みながら守り，そのいのちを養い，育んでいくこと」と述べました。保育においては，つねに子どもに寄り添うことが求められているのです。子どもに寄り添うことを通して，十分な子ども理解もできるようになり，子どもの発達の姿もよく見えるようになります。子どもと共に歩む保育は，子どもに寄り添うことが保育活動の基本姿勢となる保育のあり方から導かれてくるものです。

① 子ども理解

　「子ども理解」というのは，ここで取り上げる保育の方法らしくないもののように見えるかと思いますが，子ども理解が保育実践をリードしていくものとなるという意味で，保育の方法として考えられると思います。

　子ども理解とは，子どもとの触れ合いを通して，子どもの言動や表情などから子どもの思いや考えなどを受け止めたり，子どものさまざまな行動の現れから子どもの内面を推量することです。また，発達の理解という意味では，子どもたちが遊びと生活の中でどのようなことに関心をもっているのか，どのような思いをもって環境に関わろうとしているのか，友達との関係がどのように変化してきているのか，といったことを理解することです。十分な子ども理解によって，子どもの思いや気持ちを推量し，子どもが楽しく感じられるように，保育者による多様な環境づくりや具体的な援助行為を工夫していくことが保育の展開であることを考えると，子ども理解は，まさしく保育の方法といえます。

② 子どもの発達過程に応じた保育

「子どもと共に歩む保育」は、一人ひとりの子どもの育ちや発達をどのように図っていくかという観点から考えるとき、「子どもの発達過程に応じた保育」という方法が導かれてきます。これは「子どもの発達過程に寄り添う保育」と言い換えることもできます。保育所保育指針においても、「子どもの発達について理解し、一人一人の発達過程に応じて保育すること」が、保育の方法の一つとして提示されています。

子どもの発達には一定の順序性や方向性があり、それはすべての子どもにおいてある程度共通のものです。また、乳幼児期においては、さまざまな能力が未分化な状態にあるので、身体的発達、社会的発達、精神的発達など、さまざまの発達の側面が重なり合いながら、関連しながら総合的に発達していきます。しかし一方で、発達していく姿には大きな個人差があると同時に、発達という言葉に付きまとう直線的、段階的に伸びていくというイメージとは裏腹に、けっして直線的なものではなく、行きつ戻りつしながら、ときには停滞したり、ときには急速に伸びたりしていくものなのです。ドイツ語で「発達」のことを Entwicklung といいますが、これは「もつれた糸をほどく」、「もつれたものがほどけて開かれてくる」といった意味をもちます。未分化で一体となっているものから、分化して一つひとつの能力や発達の姿が芽生えてくるのです。ほどけ方もさまざまですから、一人ひとりにおいて早かったり遅かったりするわけです。発達というものをこのような意味で理解すると、「一人一人の発達過程に応じた保育」がますます重要性を帯びてくると思われます。子どものそばにいて、子どもの気持ちや行動に、子どもの育とうとしている姿に共感しながら、今どのような力を育てていかなければならないかを十分に考えながら保育していくことが大切です。

(2) 遊びを通して行う総合的な保育

保育所保育指針における「保育の方法」のひとつに、「子どもが自発的・意欲的に関われるような環境を構成し、子どもの主体的な活動や子ども相互の関わりを大切にすること。特に、乳幼児期にふさわしい体験が得られるように、生活や遊びを通して総合的に保育すること」とあります。ここから、保育の方法として、「総合的な保育」と「環境を通して行う保育」を引き出しましょう。

遊びを通して行うことが重要な保育の方法であることは、幼稚園教育要領解説 (2018) の次の文章から知ることができます。「自発的な活動としての遊びにおいて、幼児は心身全体を働かせ、様々な体験を通して心身の調和のとれた全体的な発達の基礎を築いていくのである。その意味で、自発的な活動としての遊びは、幼児期固有の重要な学習なのである。したがって、幼稚園における教育は、遊びを通しての指導を中心に行うことが重要である。」(文部科学

省：35)。ここに述べられている「遊びを通しての総合的な指導」(幼稚園教育要領)，あるいは「生活や遊びを通しての総合的な保育」(保育所保育指針)は，乳幼児期ならではの保育の方法，指導方法といえます。

　遊びを通しての総合的な指導は，子どもの発達の特性に基づいています。すなわち，「幼児は心身全体を働かせて活動するので，心身の様々な側面の発達にとって必要な経験が相互に関連し合い積み重ねられていく。つまり，幼児期には諸能力が個別に発達していくのではなく，相互に関連し合い総合的に発達していく」(文部科学省，2018：35)のです。

　このことは，ひとつの遊び活動から考えてもそうです。たとえば，子どもが段ボールの家をつくろうとします。いろいろ考えて構想を練るなかで，思考力が働きます。みんなで一緒に協力して作業をするので，意見の一致が大切です。対話的，協力的に行われる中で，コミュニケーション能力が促されます。用具を使って製作することで，身体の運動機能が発揮されます。段ボールの家が完成して，達成感を覚えます。このように，ひとつの遊びを展開する中で，うまくいったりうまくいかなかったりする経験を通して，いろいろな能力を全体的，総合的に身に付けていくのです(同上書：35-36)。「幼児の生活そのものともいえる遊びを中心に，幼児の主体性を大切にする指導を行おうとするならば，それはおのずから総合的なものとなる」(同上書：36)のです。

(3) 環境を通して行う保育

　注意深い読者はお気付きのように，本章の第1節において，「環境を通して行う教育」は保育の基本的なあり方のひとつとして浮き彫りにされています。保育はつねに「環境に始まり環境に終わる」という意味で，保育の姿そのものを示していますが，「環境を通して」に力点を置いて保育の方法論の視点からみると，乳幼児期の発達の特性に基づいた保育の進め方，指導方法として考えることができます。

　すでに述べたように，人間は「環境内存在」です。私たちは，いつもつねに一定の環境内に，一定の環境とともに存在しています。生活するということは，さまざまな環境との相互作用を行うさまといえます。そして，子どもはまだその生育が未熟なため，また自我が育っていないために，環境からの影響を直接的に，間接的に大きく受けます。環境との豊かな相互作用の中に生きているのです。

　私たちを取り巻いている環境とはどういうものでしょうか。人間がさまざまの環境に重層的に取り囲まれていることを生態学的に明らかにしたのは，ブロンフェンブレンナー(Bronfenbrenner, 1917-2005)です。ブロンフェンブレンナーによると，私たちは(子どもは)次のような環境に重層的に取り囲まれています(ブロンフェンブレンナー＝磯貝他訳，1996)。

1. マイクロシステム (microsystems)：自分を取り巻く身近な世界又は身近な人間関係（家庭，保護者，幼稚園・保育所，保育者，友達など）
2. メゾシステム (mesosystems)：家庭と幼稚園・保育所の関係，友達と近所などの相互関係
3. エクソシステム (exosystems)：子どもが直接関与しない外の世界との関係，保護者の職場，マスメディアなど
4. マクロシステム (macrosystems)：上記の環境を枠づける社会制度や信念体系など
5. クロノシステム (chronosystems)：時間の経過，時代や世代間の文化の変容など

子どもが中心にあって，これらが同心円から成る入れ子のような構造 (nested structure) をもって子どもを取り囲んでいるというのです。

このことを十分に踏まえながら，子どもの生き生きとした生活や活動を確保できるような，子どもが主体的・意欲的に関わることのできるような環境を構成していくことが，環境を通して行う保育，すなわち環境による保育の方法です。

幼稚園教育要領 (2017) では，環境を通して行う保育の大切さを次のように述べています。「教師は，幼児の主体的な活動が確保されるよう幼児一人一人の理解と予想に基づき，計画的に環境を構成しなければならない。この場合において，教師は，幼児と人やものとの関わりが重要であることを踏まえ，教材を工夫し，物的・空間的環境を構成しなければならない」(幼稚園教育要領第1章総則第1幼稚園教育の基本)。また，保育所保育指針 (2017) においても，「保育の環境には，保育士等や子どもなどの人的環境，施設や遊具などの物的環境，更には自然や社会の事象などがある。保育所は，こうした人，物，場などの環境が相互に関連し合い，子どもの生活が豊かなものとなるよう，…計画的に環境を構成し，工夫して保育しなければならない」(保育所保育指針第1章総則1保育所保育に関する基本原則) と述べられています。環境を通して行う保育とは，このように子どもの育ちに見合うような，子どもの主体性を引き出すような，子どもが豊かな経験ができるような環境を構成したり，状況に応じて再構成していくことです。

引用・参考文献

厚生労働省『保育所保育指針』フレーベル館，2017年
文部科学省『幼稚園教育要領』2017年
厚生労働省『保育所保育指針解説』フレーベル館，2017年
フレーベル，F.W.A., 荒井武訳『人間の教育（上）』岩波文庫，1964年
ブロンフェンブレンナー，U., 磯貝芳郎・福富護訳『人間発達の生態学』川島書店，1996年
文部科学省『幼稚園教育要領解説』フレーベル館，2017年

第2章
西洋における教育思想と教育方法の歴史を学ぶ

☞ 私たちの子どもへのまなざしは，近代的な教育思想から大きな影響を受けているといっても過言ではありません。本章では，西洋における幼児教育の思想と方法の歴史を概観し，近代的な「子ども観」や子ども中心主義の思想がどのように形成されたのかを学習します。ここでは，主に近代の代表的な教育家であるペスタロッチ，フレーベル，エレン・ケイ，モンテッソーリ，ジョン・デューイなどの教育思想や教育方法を取り上げます。☜

1. 近代教育思想の成立と幼児教育

(1) ペスタロッチの教育思想と教育実践

　ペスタロッチ（Johann Heinrich Pestalozzi, 1746-1827）は，社会の混乱によって生じた貧民や孤児たちを救済するために，その生涯を捧げた教育実践家です。スイスのチューリヒで生まれ，5歳の頃に医師だった父親を亡くし苦しい生活を過ごします。ペスタロッチは農民の貧しい生活をみて，本質において同じである人間がなぜ境遇によって異なった生活をしなければならないのか，という疑問を持ちました。こうした経験を通して，彼は貧しさゆえに学校にも行けず働いている子どもたちを救いたいと思うようになります。当初，牧師を志して高等教育機関に進学したのですが，社会改革を目指す「愛国者団」に絡んだ事件に関連して退学することになります。

　1771年，ペスタロッチはアールガウ州ビル村に土地を買って農場経営に着手し，そこを「ノイホーフ」（「新しい農場」の意味）と名づけましたが，農業事業の失敗と飢饉によって破綻しました。その後，貧民子弟のために創設した労作学校では，家庭的な雰囲気のなかで貧児に労働を通して生活技術を身につけさせるとともに，産業化していく社会でも自立していける実際的な知識や技能を授けました。しかし，事業継続のための資金調達がむずかしくなり，1780年には労作学校を閉校せざるを得なくなりました。ペスタロッチは失意のときを過ごしますが，

写真 2-1　シュタンツのペスタロッチ
(出所)日本ペスタロッチー・フレーベル学会『増補改訂版　ペスタロッチー・フレーベル事典』玉川大学出版部，2006年，p.146

この期間にノイホーフでの教育実践をまとめた『隠者の夕暮』(1780)，恋愛小説の形で家庭教育や学校教育についてまとめた『リーンハルトとゲルトルート』(1781-87) などをあらわしました。

スイスでは1798年頃からフランス革命の影響が波及し，内戦によって多数の孤児が発生しました。政府は孤児の多くいるシュタンツに孤児院を設け，ペスタロッチにそこでの教育を任せることにしました。ペスタロッチは「シュタンツの孤児院」において，孤児たちと生活を共にして深い教育愛をもって接しました。翌年には孤児院での教育実践を描いた『シュタンツ便り』(1799) をあらわしています。ところが，シュタンツの孤児院はスイスに進駐していたフランス軍の野戦病院として接収され，わずか半年でこちらも閉鎖されてしまいますが，ペスタロッチの教育思想と実践に大きな影響を与えることになったのです。

シュタンツでの教育が中断させられた後，ペスタロッチは1800年にブルクドルフ城内に学校を開き教師としての新しい人生を歩み始めます。学校には裕福な階層の子どもたちが集まり，また貧困家庭の子どもにも教育が行われ，「メトーデ」とよばれる新しい教育方法が展開されました。メトーデとは，子どもの成長に合わせて知識や技能を単純化し，感覚的直観から一定の順序に従って知識や技能を配列し教える教授方法のことです。ペスタロッチがメトーデを体系化した『ゲルトルート児童教育法』(1801) をあらわしたことで，彼の名声はヨーロッパ中に知れ渡り，この新しい教育方法を多くの人びとが学ぶようになりました。ブルクドルフでの実践は1804年には終焉し，その後，ペスタロッチはイヴェルドンへと移転しました。そこで開設した「イヴェルドン学園」には，生徒がヨーロッパ中から集まりその数は150人にも達しました。さらに，メトーデの理論と実際を直接学ぼうとする学徒たちが集まり，学園を参観する者は後を絶ちませんでした（後に幼稚園の創始者とされるフレーベルも訪問しています）。しかし，こうした学園の繁栄も内部教師たちの軋轢や抗争によって閉鎖へ追い込まれてしまいます。学園の閉鎖後，ペスタロッチは人間と教育の探究に尽くした思想的歩みを総括的にまとめた『白鳥の歌』(1826) をあらわしました。翌年，彼は貧民や孤児を救済するために生涯を捧げ人生を終えました。

(2) フレーベルの教育思想と教育実践

教育思想家・実践家であるフリードリヒ・フレーベル (Friedrich Wilhelm August Fröbel,

1782-1852)の名前は，保育原理や幼児教育の授業の中で一度は耳にしたことがあるでしょう。ここでは，世界初の幼稚園を創設したフレーベルの教育思想や教育実践を学んでいきます。フレーベルは，ドイツ中部のチューリンゲン地方で生まれました。彼は生後9カ月で母を病で亡くし，牧師である父と暮らしたのですが，継母から愛情を注がれることなく，自然と宗教に慰めを得て幼少期を過ごしました。10歳のときには，叔父のもとに引き取られ，温かい幸福な生活を送ったとされています。その後，イエナ大学に入学してからは，数学・幾何学・物理学などの自然諸科学を学んだのですが，授業料を払うことができずに退学を余儀なくされています。そこで職業を得て生計を立てるため林務官書記，私設秘書などの仕事を転々としましたが，フランクフルトで仕事を探していたフレーベルに大きな転機が訪れました。

写真2-2　フレーベル
(出所)日本ペスタロッチー・フレーベル学会『増補改訂版　ペスタロッチー・フレーベル事典』玉川大学出版部，2006年，p.300

友人の紹介で訪れた師範学校(教員を養成する学校)において，フレーベルは教職を天職と自覚するようになったのです。それは，彼が兄へ宛てた手紙の中で，「私はまるですでに長い間教師であり，実際のところこの仕事のために生まれたかのようです。」と述べていることからわかります。教師となったフレーベルは，1805年にイヴェルドンのペスタロッチを訪ね短期間滞在した後，1808年に再度，彼のもとに赴き2年間に渡って教授法を学んでいます。

　1816年，フレーベルは亡くなった兄が残した子どもたちを教育するために，グリースハイムに学校を創設します。翌年にはカイルハウに移転したことから「カイルハウ学園」(正式には「一般ドイツ学園」)と称しました。当初，学園の児童数は16名で，7歳から18歳までの子どもたちが在籍しました。学園では，ペスタロッチの教育方法とフレーベル独自の「球体法則」が採用され，観察や野外活動，農作業など労作を重んじ，労働と学習を結合させた学校でした。しかし，自由な校風であった学園は，プロイセン政府によって嫌疑がかけられ，保守派からの妨害を受けたことによって，次第に生徒数を減らし閉鎖となってしまいます。フレーベルは学園での取り組みを主著『人間の教育』としてまとめています。同著によると，子どもには「神性」が備わっており，絶えず成長・変化し生命に満ち，創造的に活動することができるという内容が書かれています。そのため，教育の営みは教師が一方的に知識を子どもに教え込むことではなく，子どもの「神性」を子ども自身が表現できるように導くことが重要であるとしています。

　1840年，フレーベルは子どもの可能性を引き出すためには適切な環境と働き掛けが必要であると考え，幼児のために「キンダーガルテン」(一般ドイツ幼稚園)を創設します。キンダーガルテンとは「子どもの庭」を意味し，庭において植物が自然と調和して育つのと同じく，子

どもたちも自らの花を咲かせ豊かな果実を実らせることができるようにとの願いが込められています。幼稚園はドイツ国内で普及しましたが，19世紀中頃に政府が幼稚園の自由な思想を危険なものだとみなし，「幼稚園禁止令」を出したことで閉鎖を余儀なくされます。1861年まで禁止令は続き，フレーベルは禁止令が解かれるのを見ることなくその生涯を終えました。その後，フレーベルの幼稚園は世界中に大きな影響を与え，日本でも彼の影響を受けて1876年に最初の幼稚園が創設されています。

現在，幼稚園において見られる遊戯，園内の畑や花壇とそこでの栽培活動，のりとハサミを用いた紙細工，積み木の組み立てなどは，その起源をたどればキンダーガルテンに行き着くとされます。フレーベルの教育思想は，今日の幼稚園教育を考えるうえで最も重要です。

(3) 恩物の考案

キンダーガルテンでの教育活動は，フレーベルが独自に開発した「恩物」（教育遊具）を中心に展開します。恩物とは「神からの贈物」を意味し，乳幼児の「活動衝動」を引き出す教育遊具のことです。フレーベルが幼児のために開発した教育遊具の基本形態は，「球形」（ボール）です。球形は形態のなかにおいて最も原始的であり，精神的かつ物質的世界を写し出す「万物の姿」とされています。第1恩物は，幼児の手で握れる大きさの6色（赤，橙，黄，青，緑，紫）の毛糸製ボールで，吊り下げられるようにヒモがついています。使用方法としては，ヒモをつけたボールを子どもの前に持って来てそれを握らせます。そのヒモを引っ張るなどして，手指の訓練をしながらも子どもの手中にあるボールを認識させつつ，子どもの活動衝動（引っ張る，握るなどの要求）を引き出すのです。ヒモのついたボールの基本的な運動（左右，上下，回転，落下運動）や方向，速さが，その時に語られる簡単な言葉（「あっち」「こっち」「上に，下に」「右に回れ，左に回れ」など）によって，その運動の意味が付随する言葉とともに獲得されます。さらにボールを動物に見立て，床や壁などの障害物を飛び越す姿を想像させます。第2恩物は，木製の立方体，球，円柱（回転する球体の性質と固定された立方体の性質をもつ）からなります。これらを糸で吊るし，回転させることで現れる形を子どもが認識できるように工夫が凝らしてあります。第3恩物は小さな立方体の積み木です。子どもは創造力を働かせて，さまざまな形を考え出すことができます。

写真2-3　恩物
(出所) 世界教育史研究会編『世界教育史大系21 幼児教育史Ⅰ』講談社，1974年，p.241

2. 子ども中心主義の思想と教育

(1) 新教育運動の成立と展開

　新教育運動 (New Education) は、19世紀末から20世紀初頭にかけて世界各地で展開され、教師や教科書中心の画一的詰め込み教育から、児童中心の教育への転換を目指した教育改革運動として一般に理解されています。この運動は特定の地域において展開されたわけではなく、さまざまな呼称がこれまで使用されています。たとえば、アメリカにおける「進歩主義教育」、ドイツにおける「改革教育」、日本における「大正新教育」などです。

　20世紀は子どもの世紀だといわれています。国際的な教育改革運動として展開された新教育運動においては、教師中心の画一的詰め込み教育が批判され、「子どもから！」を合言葉に教育のあり方を子どもの側から問い直そうとしました。このような、「子ども中心主義」(あるいは「児童中心主義」) は、大人の立場から考えられてきた教育を反省して、子どもの本性を尊重し、それに合うように教育を構想しようとする立場です。そこでは、子どもの「自立性」「自発性」「自己活動」が重視され、子どもたちを窮屈な知育偏重の教育から解放して、身体性や感性などを含む人間の全体性に配慮した教育が目指されました。本節では、子ども中心主義を標榜した代表的教育家であるエレン・ケイ、モンテッソーリの理論や実践をみていきましょう。

(2) ケイと『児童の世紀』

　スウェーデンでは、19世紀末に産業革命を迎え、さまざまな社会問題（児童労働、教育の不平等、児童体罰や虐待、都市環境の劣悪化など）に直面していました。また当時、性悪説が信じられており、家庭や学校では子どもへの体罰が当然と考えられていたのです。このような教育の現状に対して改革を訴えたのが、社会思想家、教育家のエレン・ケイ (Ellen Key, 1849-1926) です。彼女は子どもの自主性を尊重した教育を目指すとともに、子どもを産み育てる女性の役割に着目しました。

　20世紀初頭、ケイによってあらわされた『児童の世紀』(1900) は、徹底した子ども中心主義の立場から書かれたもので、従来の学校教育における形式的、大量生産的な組織の弊害を指摘し、教育がいかに子どもの本性を抑圧するものであるかを批判しています。すべての子どもはもって生まれた本能と素質、個性とを無制限に開発すべきであり、これらを大人たちによって抑圧されるべきではないと主張しています。それは彼女による、「教育の最大の秘訣は、教育しないことにある」という言葉に象徴されています。『児童の世紀』はスウェーデン

ではほとんど注目されなかったのですが，イギリスやドイツをはじめとして各国で翻訳されました。明治・大正期の日本にも同著の翻訳版が輸入されています。彼女の著書は多くの教育関係者に読まれ，世界各国の新教育運動に大きな影響を与えました。

ケイの教育論の特徴は，子どもの権利と母性の保護を訴えたことにあります。ケイは子どもが健康に生まれ育つ権利を有するべきであり，そして何よりも「子どもが他人の権利の境界を越えない限り自由に行動できる世界をつくる」ことが重要だと主張しました。このような教育観には，子どもを大人の干渉や抑圧から解放して人間として扱うべきだとする子ども中心主義の思想がみられます。

(3) モンテッソーリと「子どもの家」

写真 2-4　モンテッソーリ
（出所）日本モンテッソーリ協会
（学会）ホームページ

イタリアの女医であるモンテッソーリ（Maria Montessori, 1870-1952）は，1907年に開設された「子どもの家」で就学前教育の新しい実験に取り組み，世界的な注目を集めました。彼女はイタリアで医学を学ぶ最初の女性としてローマ大学医学部へ入学しました。卒業後，ローマ大学附属病院の精神科助手となり，精神発達障害の子どもの治療や教育に携わったことから，教育学研究に関心が向けられます。モンテッソーリの教育観は，医師の経験と教育実践の観察に裏打ちされており，20世紀における児童研究の重要性を説いています。彼女は，教育の根本原理が子どもの「自由」にあると考え，教師の役割を子どもの自発的な発達を援助することと，そのための環境を整備することにあるととらえたのです。

「子どもの家」は，衛生や住宅事情が劣悪であったサン・ロレンツォ地区に，住宅改良の一環として創設された教育施設であり，社会の底辺に生きる子どもたちを対象としました。入学者は3歳から7歳の子どもで，モンテッソーリは，この時期の子どもは感覚を形成して発達するのに最適であり，これを「敏感期」として重視しました。彼女によって提唱されたモンテッソーリ教育では，実際生活の練習，筋肉教育，感覚教育，知的教育などを重視します。これらの教育を行うにあたり教師の直接的な指導ではなく，モンテッソーリ教具の間接的な援助によって子どもの「自己教育」（auto education）が可能となるのです。その際，教師は適切な環境を構成し，子

写真 2-5　モンテッソーリ教具
（出所）世界教育史研究会編『世界教育史大系22 幼児教育史Ⅱ』講談社，1975年，p.14

どもの活動を乱すことのないように観察者でなければならないとされています。

モンテッソーリ教具には，感覚教具（円柱差し，色板，幾何学図形のはめ込み板，ピンクタワーなど），数教具，言語教具，日常生活教具があり，これらの教具は，子どもの五感（視覚・聴覚・味覚・嗅覚・触覚）を訓練し，個々の器官を洗練させるために用いられます。モンテッソーリ教育において教具は最も中心的な役割を占めています。なぜなら，幼児期に感覚がほぼ成人の水準にまで発達し，幼児期における感覚教育が後の知的発達を促進するからです。このような「子どもの家」での実践は世界的に高く評価され，アメリカ，ヨーロッパ諸国，インド，中国などに波及しました。日本においても，明治末期に初めてモンテッソーリ教育が紹介され，幼児教育の現場に大きな影響を及ぼして現在にいたっています。

3. 進歩主義教育とジョン・デューイ

(1) ジョン・デューイの教育思想

20世紀初頭のアメリカは，鉄鋼業や自動車産業，石油産業などの発展によって，経済的，物質的な繁栄を遂げました。しかしその一方で，都市には農村からの居住者が多く移り住み，その数は年々増加していったのです。さらに，犯罪が増加し，疫病は非衛生的なスラムに蔓延しました。都市化・産業化に伴う共同体の崩壊により，学校には民主的施設としての役割が求められたにもかかわらず，ニューヨークやシカゴをはじめとする都市部の公立学校においては，授業形態の機械化・形式化が重大な問題でした。教育界では，このような変化しつつある時代に能動的に適応できる人材の養成が課題となりました。そのためには，教師が子どもに一方的に知識を伝達する画一的な教育方法から脱却し，子どもの興味や関心を中心に据えた教育へと転換を図らなければならなくなります。そこで，アメリカでは社会問題の解決に寄与できる市民の育成に重点が置かれ，新教育運動が展開されました。アメリカで展開された新教育運動は，一般に進歩主義教育運動（Progressive Education Movement）とよばれています。

進歩主義教育運動の展開は，プラグマティズムの哲学者・教育学者であったジョン・デューイ（John Dewey, 1859-1952）の登場によって本格化したといえます。代表的な著書には，『学校と社会』(1899)，『民主主義と教育』(1916) などがあります。デューイはミシガン大学，ミネソタ大学などで教員を務め，1894年にシカゴ大学に哲学・心理

写真2-6　デューイ
(出所)平光昭久『デューイと戦後日本の新教育の理論』中部日本教育文化会，1999年，巻頭

学・教育学を合わせた学部の部長となります。1896年にはシカゴ大学実験学校（一般には「デューイ・スクール」，「実験学校」とよばれた）を創設し，伝統的なアメリカ教育を革新しようと試みます。デューイは『学校と社会』のなかで，教育活動の重力の中心を「教師や教科書」から「子ども」に移動させる「教育上のコペルニクス的転回」を唱えました。すなわち，これまでの教師や教科書を中心とする教育から，子どもの生活や興味を中心とする教育へと，その重力の中心を移さなければならないと主張しました。デューイによる「生活を通し，生活との関連において学ぶ」「為すことによって学ぶ」(learning by doing) という言葉は，彼の名とともに広く知られています。

(2) 進歩主義教育における代表的実践

　進歩主義教育運動においては，一斉教授法が厳しく批判され，子どもの個性や自発性を尊重するためのさまざまな教育方法が開発されました。その具体的な実践例がドルトン・プランです。これらの教授方法は，20世紀初頭のアメリカ新教育運動のなかで生まれ，進歩主義教育の根幹に位置づく新たな実践形態とされました。

　ドルトン・プランは，アメリカのパーカースト (Helen Parkhurst, 1887-1973) によって独自の教育指導法として考案されました。それは，1920年にマサチューセッツ州ドルトン町のハイスクールで実践されたことからドルトン・プラン（正式には「ドルトン実験室法」）とよばれています。彼女が同プランの2つの基本原理として掲げたのは，「自由」(freedom) と「協同」(co-operation) です。これらの原理は，モンテッソーリやジョン・デューイなど多くの人びとの思想に大きく負っています。パーカーストはウィスコンシン州立師範学校で教鞭をとっていましたが，モンテッソーリ法を研究するためにイタリア行きを希望して，1914年にローマの「子どもの家」を訪れ，モンテッソーリの熱心な弟子となりました。「自由」の原理はモンテッソーリの影響をうけたもので，生徒が一定の教科の学習を自分なりの速度で，他から妨害されることなしに興味の続く限りこれを続けるという方針です。したがって，同プランでは従来の学校で重要な位置を占めていた時間割と学級での一斉教授が撤廃されました。一方，「協同」の原理については，デューイからの思想的な影響をうけたもので，学校という集団生活のもつ相互作用を有効に働かせるという考えでした。

　具体的な学習形態は，従来の教科を主要教科（国語，数学，理科，歴史，地理，外国語）と副次教科（音楽，体育，図画，工作，家庭）とに分け，個別学習が行われるのは主要教科だけで，副次教科は学級で一斉に教授されます。主要教科の学習においては，従来の教室が撤廃され，それに代わって教科別の実験室 (laboratory) が設けられます。各実験室には，教科担任の教師がおり，それぞれの教科の学習に必要な教材・教具および参考書が備えられています。実験

室に集まる生徒は，その実験室の教師の指導を受けながら自主的に学習を進めるのですが，その学習は「契約仕事」という形で行い，教科の内容が1教科当たり15〜20の契約仕事の形に分割されます。こうした契約仕事の配当表を「学習割当表」（アサインメント）とよびます。生徒は「学習割当表」に従って各自が望む実験室に行き，個別に，自分の能力にみあった速度で学習を進めます。得意な教科は早く終了し，不得意な教科には多くの時間をかけることができます。ドルトン・プランは，1920年代にイギリスをはじめ日本，中国，ドイツなど世界的に普及して，各地で実施されました。24年に彼女が来日して以降は，熱狂的なブームを巻き起こし，大正新教育運動にも多大な影響を及ぼしました。

引用・参考文献

小笠原道雄『フレーベルとその時代』玉川大学出版部，1994年
小澤周三「教育方法における個別化」吉田昇他編『教育方法』有斐閣，1979年
倉岡正雄『フレーベル教育思想の研究』風間書房，1999年
白川蓉子『フレーベルのキンダーガルテン実践に関する研究』風間書房，2014年
鈴木和正「教育に関する歴史及び思想—20世紀の教育と新教育運動—」『常葉大学教育学部紀要』第38号，2017年
鈴木和正「第7章 20世紀の教育と新教育運動」宇内一文編『学校と教育の思想と歴史』三恵社，2018年より一部再掲
世界教育史研究会編『世界教育史大系21 幼児教育史Ⅰ』講談社，1974年
世界教育史研究会編『世界教育史大系22 幼児教育史Ⅱ』講談社，1975年
田中智志『社会性概念の構築—アメリカ進歩主義教育の概念史—』東信堂，2009年
日本ペスタロッチー・フレーベル学会編『増補改訂版 ペスタロッチー・フレーベル事典』玉川大学出版部，2006年
眞壁宏幹編『西洋教育思想史』慶應義塾大学出版会，2016年
三原征次・脇信明「フレーベルにおける"Spielgabe"（教育遊具）の教育的意義」『大分大学教育福祉科学部研究紀要』第26巻第2号，2004年
村井実『ペスタロッチーとその時代』玉川大学出版部，1986年

カフェタイム（コラム）①

「他人のルール」から「自分のルール」へ

　幼稚園・保育所・こども園では，遊びを中心とした学び・生活を通しての学びが大切にされています。その中でも園生活における基本的生活習慣の獲得については，各園やクラスでルールが設けられていることが多いようです。例えば，登園後自分のロッカーに鞄をしまい，タオルやコップを所定の場所に置く。昼食の前には手を洗い，机の上にランチョンマットを敷いてお箸を並べる。食後は器を片付け，お箸を鞄にしまう。このように子どもが決められた流れに従って準備や片づけをする一連の流れが毎日繰り返されることで習慣化され，子どもの生活の一部として定着していきます。

　皆さんは，昼食の後にテーブルの上を片づけず，お箸やおしぼりを出したまま遊んでいる子どもが保育者に注意されている姿を見たことがありますか。保育者に言われてしぶしぶ片づけをすることは「他人のルール」で行動しているということです。しかし，本当は保育者からの声がけがなくても，自分から行動できるようになることが望ましいはずです。この一連の流れを「他人のルール」から「自分のルール」に変えるためにはただ単に習慣化して子どもに定着させるだけでは充分ではありません。自分は何のために片づけるのか，片づけないとどうなるのか，一つひとつの行為の意味を子どもが理解し納得することで，その行為の必要性を感じることができるようになるのです。家庭や園での生活で，保護者や保育者が生活習慣として子どもに伝えていることが，子どもにとって「他人のルール」から「自分のルール」になった時，本当の意味で子どもに「身についた」といえるのではないでしょうか。

　効率性を重視することに慣れている大人は，準備や片づけに時間がかかる子どもに対して急かすような声掛けをしたり，代わりに大人がやってしまったりすることがあるかもしれません。しかし，子どもの気持ちを置き去りにして大人の都合に合わせようとすることは，子どもが生活習慣を身に付けるチャンスを奪うことにもなりかねません。子どもが「他者のルール」の意味を理解し，「自分のルール」に変えていけるように，辛抱強く子どもを見守る姿勢が必要ですね。

第3章
日本における保育内容と保育方法の歴史を学ぶ（戦前）

☞ 第3章では，日本における教育思想と教育方法，保育方法の歴史を学びます。現代の日本の幼児教育の基本と教育方法，保育方法を理解するには，教育思想や教育，保育方法論の歴史的な変遷を知ることが大切です。時代背景とともに，子どものためのより良い教育方法や保育方法が開発されていく過程を学びましょう。そして，現代の幼児教育の基本と教育方法，保育方法にどのような影響を与えているかを考えてみましょう。☜

1. 近代における学校教育のはじまり

(1) 前近代の教育方法

　日本において，近代的な学校制度が成立したのは明治に入ってからですが，それ以前にも組織的に教育が行われていました。近世の子どもは，厳しい身分制度のもと，家職を継ぐための学びが必要とされました。教育機関は，農民，町民の子どもを対象とした寺子屋と，武士の子どもを対象とした諸藩の藩校や，幕府の学校などに分けられました。寺子屋では，庶民の日常に必要な読み・書き・算術の指導が，異年齢の子ども集団において，個別教授で行われました。一方，武士教育では，儒学が教育内容として用いられ，漢籍を中心に一斉授業と発表や討論などが組み合わされて行われました。当時は，女性蔑視の思想があり，武家の女児は藩校には通いませんでしたが，教養は必要とされたため，各家庭において儒教や裁縫，歌道，茶道，華道などが教えられました。

　近世は，子どもに遊びが必要であることが認識されるようになり，子どもの遊びの種類や内容が豊かになっていきました。幕末になると，乳幼児のための保育施設の構想を立てる人も現れるようになりました。農政学者の佐藤信淵 (1769-1850) は，『垂統秘録』(1833) の中で，「慈育館」と「遊児廠」と呼ぶ乳幼児の保育施設を構想しています。「慈育館」は貧しい農民の子どもを世話人が養育する施設で，「遊児廠」は，子どもが遊びを行う施設とされていました。

(2) 近代学校の成立と制度化

　1871（明治4）年9月，日本において全国の教育行政を統括する機関として文部省が設置されました。翌1872（明治5）年8月，文部省は，欧米の近代教育を模倣する形で，「学制」を発布し，学校教育を制度化しました。「学制」草案の起草委員には，当時の著名な洋学者の多くが任命されています。「学制」の教育理念は，序文にあたる「被仰出書」に明示され，学問が一人前になるには欠かせない財産と資本であり，すべての人が学ぶべきものであるとされました。欧米の近代思想に基づいた個人主義，実学主義の教育観がみられます。小学校での授業等は，アメリカの小学校教育を模倣するかたちで始められ，机や椅子を使用し，壁に掛けた「掛図」を用いて行われました。文部省は運営にあたり「小学教則」を定め，授業内容や方法の詳細を示しました。このように，「学制」は国民教育制度の基礎を築きました。

　「学制」には，「幼稚小学」という幼児のための教育施設も規定されましたが，実現には至りませんでした。「幼稚小学」は，「男女ノ子弟六歳迄ノモノ小学ニ入ル前ノ端緒ヲ教ルナリ」と，小学校への準備教育を主とする場所として構想されました。

　日本における幼稚園の萌芽は，1875（明治8）年の京都の龍正寺における「幼稚院」や，柳池小学校の「幼穉遊嬉場」にみられます。「幼稚院」では，住職が幼児にイロハや単語図などを教えたといわれています。「幼穉遊嬉場」では，フレーベル（Fröbel, F.W.A., 1782-1852）が考案した恩物と思われる遊具を用いて保育が行われたといわれています。しかし，どちらの施設も数年で廃止されてしまいました。

(3) 幼稚園の誕生と東京女子師範学校附属幼稚園の教育方法

　1876（明治9）年，東京女子師範学校（現お茶の水女子大学）に官立幼稚園として，東京女子師範学校附属幼稚園（以下，附属幼稚園と表記）が設立され，その後の幼稚園の発展に大きな影響を与えました。附属幼稚園は，上層階級の子弟を対象とし，園舎は洋風建築で園庭も広く，設備も充実しておりましたが，それに合わせて保育料も高額でした。

　附属幼稚園の設立にあたっては，当時の文部大輔（大臣）田中不二麿（1845-1909），東京女子師範学校の摂理（校長）中村正直（1832-1891）が力を尽くしました。中村は，幼児教育や日本の女子教育の重要性を説き，明治維新の改革思想をリードした人物です。幼稚園の監事（園長）には，フレーベルの理論に明るい関信三（1843-1880），主席保姆にはフレーベル主義の学校で幼児教育を学んだ松野クララ（1853-1941），保姆（保母）に豊田芙雄（1845-1941），近藤濱（1845-1912）が就き，助手2名と数名の用務員が置かれました。

　附属幼稚園のクラス編成は3歳，4歳，5歳と年齢ごとに構成され，保育時間は4時間を基本とし，保育には主にフレーベルの恩物が用いられました。図3-1は，附属幼稚園の日課で

す。それぞれ20分～30程度の活動が行われました。附属幼稚園開設の翌1877(明治10)年には「東京女子師範学校附属幼稚園規則」が制定され，保育科目として「物品科」「美麗科」「知識科」の3科目が定められました。3科目は，フレーベルの20遊戯(恩物)を模範とした25の子目(6彩矢球の遊び，形体の積み方，畳紙，粘土細工，唱歌，説話，遊戯など)が設けられ，それぞれの子目が30分～45分と時間を区切って，一斉保育の形態で行われました。恩物を扱う時は，基盤のように縦横に線が引かれた「恩物机」が用いられました(図3-2)。恩物は，フレーベルにより幼児の諸能力を発達さ

```
登園
整列
遊戯室―唱歌
開誘室―修身話か庶物語
                （談話あるいは博物理解）
戸外あそび
整列
開誘室―恩物
遊戯室―遊戯か体操
書食
戸外あそび
開誘室―恩物
帰宅
```

図3-1　附属幼稚園の日課

(出所)文部省『幼稚園教育百年史』ひかりのくに，1979年，pp.56-57

せる教材として考案されましたが，日本では，恩物を図工的な経験活動として取り扱い，恩物の操作を形式的に行う傾向がみられました。

　附属幼稚園は，1881(明治14)年，さらに1884(明治17)年に保育科目を改正し，会集，修身の話，庶物の話，木の積立て，板排へ，箸排へ，鐶排へ，豆細工，珠繋ぎ，紙織り，紙摺み，紙刺し，縫取り，紙剪り，画き方，数へ方，読み方，書き方，唱歌，遊戯の20科目を示しました。

　明治前半は，国が示す幼児教育の基準はなく，この附属幼稚園での保育方法が，全国に幼稚園を設立していく際の基準となりました。

図3-2　二十恩物の保育風景(明治12年頃)

左から松野クララ，豊田芙雄，近藤濱

図3-3　「家鳩」の遊戯(東京女子師範学校附属幼稚園の遊戯の図　明治10年頃)

(出所)日本保育学会『写真集　幼児保育百年の歩み』ぎょうせい，1981年，p.4

2. 明治期における教育方法の発展

(1) 教育勅語と明治20年代の教育方法

　1889（明治22）年2月，大日本帝国憲法が公布され，翌1890（明治23）年10月に教育勅語（正式には「教育ニ関スル勅語」）が発布されました。教育勅語は，明治天皇の直接の言葉として，国民道徳の基本および教育の基本理念と方針が示されました。教育勅語は，儒教思想に基づく忠君愛国が国民道徳として強調され，学校行事において明治天皇の御真影に対する礼拝や教育勅語奉読などが行われるほか，小学校の修身科では，教育勅語の指導が徹底して行われました。また，この頃，心身鍛練の訓育行事として，運動会，行軍，遠足，修学旅行，生徒談話会など次つぎと学校行事が誕生していきました。

　明治20年代は，道徳教育を重視したヘルバルト派の教育理論が日本において広まりました。特に，教授段階論が大きな影響を及ぼし，ライン（Rein, W., 1847-1929）の5段階教授法が各地で広まっていきました。

　明治20年代の幼稚園教育は，東京女子師範学校附属幼稚園の保育内容を模した幼稚園が多く設立されていきました。多くの幼稚園では，一斉保育が中心で，保姆の指示に従って恩物を操作する保育が行われました。一方で，大阪市の「幼稚園規則」（1889）のように，独自の規定をもうける市や，保育内容の研究に取り組む私立の幼稚園などもみられるようになりました。また，外国人宣教師によるキリスト教主義の幼稚園や，幼稚園保姆を養成する機関が各地に設立されていきました。中でも，神戸に頌栄幼稚園（1889年開設）と頌栄保姆伝習所（1889年開設）を設立したハウ（Howe, A.L., 1852-1943）は，フレーベルの精神に基づく幼児の遊びの重要性を説き，日本の幼児教育界に影響を与えました。

(2) 「幼稚園保育及設備規程」の公布

　1899（明治32）年，文部省から「幼稚園保育及設備規程」が制定されました。保育の目的は「幼児ヲ保育スルニハ其心身ヲシテ健全ナル発育ヲ遂ケ善良ナル習慣ヲ得シメ以テ家庭教育ヲ補ハンコトヲ要ス」とされました。この目的は，「心身の健全な発達」や「社会的習慣の形成」と，東京女子師範学校附属幼稚園における保育の目的を引き継いでいますが，新たに「家庭教育の補完」が幼稚園教育の役割として示されています。

　保育内容は，「遊嬉」「唱歌」「談話」「手技」の4項目が示されました。この4項目では，「遊嬉」が重視され，恩物の扱いは「手技」の中に入り，最後に置かれました。しかしながら，依然として恩物の操作が中心に行われる幼稚園は多くありました。

1911（明治44）年，「幼稚園保育及設備規程」の緩和により，保育4項目の取り扱いが条文から削除され，保育内容や保育方法は各幼稚園の工夫のもと行われるようになりました。

(3) 遊びを中心に据えた幼児教育

明治30年代以降，小学校教育において，子どもを主体とした教育方法が模索されました。アメリカでは1880年代からフレーベル批判が高まり，デューイ（Dewey,J., 1859-1952）らを中心とした児童中心主義を掲げる人びととの論争が繰り広げられていました。わが国では明治末期には，幼児教育においても，子ども主体の自由な活動を尊重し，自発的な活動としての遊びを重視した保育が提唱されました。その代表的な人物が，東基吉（1872-1958），和田実（1876-1954），中村五六（1861-1946）らです。東，和田，中村らは，欧米の新しい理論に基づき，フレーベルの教育精神に立ち返り，子どもの遊戯を生活の中心とする保育を提唱しました。

東基吉は『幼稚園保育法』(1904) の中で，自由で自発的な活動である「遊戯（遊び）」の重要性を説くとともに，子どもの生活に即した題材を提供し，子どもにとって楽しい歌やお話を取り上げることの必要性を主張しました。『幼稚園保育法』は，日本人によるはじめての体系的保育論といえるでしょう。和田実も同様に，中村九六らとの共著『幼児教育法』(1908) において，遊戯中心の保育法を示し，幼児の遊びや生活を「誘導」するという考えを示しました。しかしながら，彼らの考えは十分には受けいれられず，大正期を待たねばなりませんでした。

3. 新教育運動と保育思想の発展

(1) 新教育運動と「幼稚園令」

大正期に入ると，欧米から来た新しい思想のもと，さまざまな制度の見直しや改革が行われました。幼児教育においても，次第に子どもの個性と自由活動を尊重する児童中心主義の考え方が広がり，幼児の主体性を尊重した自由遊びが，保育の中で重要な位置を占めるようになりました。また，「赤い鳥」運動に代表される新教育運動により，児童のための音楽や童謡，お話が生み出されたほか，自由画教育，リトミック，律動遊戯などが広められていきました。

1926（大正15）年に，「幼稚園令」が公布されました。同時に制定された「幼稚園令施行規則」では，保育項目として「遊戯」「唱歌」「観察」「談話」「手技等」の5項目が示されました。「幼稚園保育及設備規程」で示された保育4項目に「観察」が加えられ，手技に「等」がつきました。「等」は，各園の実情に応じて保育項目を工夫できるようにと意図したもので，

各幼稚園では，5項目以外として，園芸，遠足，体育，律動，読み方，書き方，数え方，図画などの特色ある保育項目が加えられました。

新たに加えられた「観察」は「自然及人事ニ属スル」ことであり，この項目が盛り込まれた背景には，デューイの「経験主義の教育」の思潮がみられます。「観察」では，自然の中でのさまざまな経験や，社会のいろいろな事象を体験的に経験することが目指されました。自然の中での保育として，明治期には，幼児児童の健康を促進する動きのもと，遠足や運動会などが行われていましたが，大正期ではさらに，「郊外運動」「近足」「転地保育（林間保育・海浜保育）」など，さまざまな形をとり，自然の中での保育が展開されました。自然に親しむ郊外保育が盛んに行われるのと同時に，自然物を活用し，木の実や木の葉などで作ったおもちゃをフレーベルの恩物に代わる玩具として用いる幼稚園も増えていきました。

(2) 倉橋惣三の誘導保育論

昭和前期には，自由遊びを中心とした保育が展開されるようになりました。そのような中，1934（昭和9）年，倉橋惣三（1882-1955）が「誘導保育論」を提唱し，生活主義を強調した教育方法を示しました。

倉橋惣三は，東京大学哲学科の心理学専攻を卒業後，東京女子高等師範学校の教師を経て，1917（大正6）年，同校附属幼稚園主事に就任しました。倉橋は，アメリカの児童中心主義に学びながら，自らの保育理論の構築を図り，子どもの自発活動とプロジェクト・メソッドなどの目的活動を調和させた「自発的目的活動」という考えを示しました。

倉橋は，1934（昭和9）年の『幼稚園保育法真諦』において「誘導保育論」を示しました。「誘導保育論」は，幼稚園での教育は，幼児のありのままの生活を大切にする「さながらの生活」が重要であるとし，幼児の自発的活動によって幼児が「自己充実」できる場所が幼稚園であるとしました。これは，幼児自らが生活を充実させる力を内在することを信じる児童中心主義の思想が見て取れます。しかし，倉橋は，幼児の自由な遊びの背景にはその遊びを誘発する設備（環境）が整えられており，そこには保育者の目的があり，教育的価値が盛り込まれていることとしました。保育者の誘導計画（保育案）が幼児の興味や欲求をうまくとらえると，幼児の活動が刺激され，幼児はその誘導計画の主題を生活のまとまりとして新たに自己充実を始めることができるとし，幼児の生活をそっと援助することを大切にしました。倉橋は，自身の講演において，度々これを「生活を生活で生活へ」という言葉で表現しました。

さらに，倉橋は，翌1935（昭和10）年に『系統的保育案の実際』の中で，「系統的保育案」を示しました。系統的保育案は，子どもの生活を大きく「生活」と「保育設定案」に分けた上で，「生活」を「自由遊戯」と「生活訓練」に，「保育設定案」を「誘導保育案」と「課程

保育案」に区分しました。倉橋は，子どもの自然な生活の中から生まれた主題に沿って，系統的，総合的に保育案を編成することを提案しました。そして，保育の方法を「実己充実（設備・自由）―充実指導―誘導―教導」の4段階で示しました。この系統的保育案と保育方法は，倉橋の講演や保育雑誌の掲載を通して，各地の幼稚園の保育に影響を与えました。

(3) 城戸幡太郎と保育問題研究

1930（昭和5）年頃から，倉橋惣三らの児童中心主義の思潮に対し，児童の主体性を重視するあまり，教育の果たすべき役割を軽視しているとの批判が起こるようになり，1936（昭和11）年に保育の実証的研究を進める「保育問題研究会」が創始されました。保育問題研究会の会長には法政大学教授の城戸幡太郎（1893-1985）が就任し，幼稚園・託児所の現場での保育問題を手がかりに，保育者・研究者によって実証的研究が行われました。城戸は，児童中心主義に対し，「社会中心主義」を掲げ，子どもは社会的な存在であるため，実際の社会において役に立つ内容を学ぶことが必要であると主張しました。城戸は，「生活指導方法論」を示し，問題解決能力の重要性を主張する「機能主義」を提唱しました。城戸は，この理論を『幼児教育論』（1939）にまとめました。

(4) 戦時下における幼児教育

戦争が激化する中，労働力不足の深刻化が進み，1943（昭和18）年以降，女性の労働力確保のために，各地で「戦時託児所」が作られる一方，幼稚園の休園，廃園が進み，東京では1944（昭和19）年に「幼稚園閉鎖令」が出されました。

軍事色が濃くなる中では，自由主義的な教育を行うことができず，保育内容にも戦時色が反映されました。戦争ごっこが取り入れられ，戦争に関する歌が頻繁に歌われるほか，身体の鍛練や，音感教育などが行われました。

4. 戦後の幼児教育のはじまり

(1) 戦後の幼児教育制度の改革

1945（昭和20）年8月15日に終戦を迎え，日本には連合国軍最高司令官総司令部（GHQ）が設置され，教育に関してはアメリカ教育使節団の勧告を受けて，民主的教育が進められました。

1947（昭和22）年に「学校教育法」が制定され，幼稚園は学校体系の中に位置づけられまし

た。同年，幼児保育の内容に関する基準となる指導書を作成するにあたり，幼児教育内容調査委員会が設置され，1948（昭和 23）年に，「保育要領」が作成されました。「保育要領」の基本思想は，児童中心主義，経験主義に立脚したもので，アメリカ進歩主義教育の流れをくむ GHQ 教育部顧問のヘファナン（H., Heffernan, 1896-1987）の示した骨組みをもとに，倉橋惣三の保育理論が反映されて，作成されました。「保育要領」は，幼稚園における保育の内容や方法の規準を示したものですが，保育所や家庭においても役立つように配慮されていました。「保育要領」は 1956（昭和 31）年に「幼稚園教育要領」が作成されるまで，幼児教育や保育を行う場での手引き書として活用されました。

(2) 現代の幼児教育に向けて

1956（昭和 31）年，文部省は，「保育要領」を改訂し，国が示す教育課程の基準として，「幼稚園教育要領」を告示しました。その後，1965（昭和 40）年には，厚生省が，保育所の保育に関する国のガイドラインとして「保育所保育指針」を通知しました。「幼稚園教育要領」および「保育所保育指針」は，時代に合わせてその内容が見直されながらも，「保育要領」にみられた幼児の「経験活動」を中心とした教育のあり方が現代まで引き継がれています。

戦後の「保育要領」から，「幼稚園教育要領」，「保育所保育指針」，さらには，「幼保連携型認定こども園教育・保育要領」の具体的な内容と変遷について，第 4 章で詳しく学びましょう。

引用・参考文献

浦部史・宍戸健夫・村山祐一編『保育の歴史』青木書店，1981 年
江藤恭二監修『新版 子どもの教育の歴史 その生活と社会背景をみつめて』名古屋大学出版会，2008 年
倉橋惣三・新庄よしこ『日本幼稚園史』フレーベル館，1956 年
田中亨胤『幼児教育カリキュラムの研究』日本教育研究センター，1994 年
日本保育学会編『写真集 幼児保育百年の歩み』ぎょうせい，1981 年
日本保育学会編『日本幼児保育史』全 6 巻，フレーベル館，1968-1975 年
森上史朗・柏女霊峰編『保育用語辞典』第 8 版，ミネルヴァ書房，2015 年
文部省『幼稚園教育百年史』ひかりのくに，1979 年

第4章
日本における保育内容と保育方法の歴史を学ぶ（戦後）

> ☞ 第3章を引き継いで，戦後の，わが国の幼稚園・保育所における保育内容や保育方法がどのように変化，発展していったかについて学びます。☜

1. 経験主義の教育方法と「保育要領」(1948年)

　第2次世界大戦後には，連合国軍最高司令官総司令部（GHQ）の指導の下で，日本の新しい教育が整備されていくことになりました。1947（昭和22）年3月に「教育基本法」「学校教育法」が公布され，新しい教育制度が確立されました。学校教育法における幼稚園に関する規定をみてみると，幼稚園の目的は「幼児を保育し，適当な環境を与えて，その心身の発達を助長すること」（旧学校教育法第77条）とされています。そして，その目的を実現するために，以下の5つの目標が挙げられました（同 第78条）。

一　健康，安全で幸福な生活のために必要な日常の習慣を養い，身体諸機能の調和的発達を図ること。
二　園内において，集団生活を経験させ，喜んでこれに参加する態度と協同，自主及び自律の精神の芽生えを養うこと。
三　身辺の社会生活及び事象に対する正しい理解と態度の芽生えを養うこと。
四　言語の使い方を正しく導き，童話，絵本等に対する興味を養うこと。
五　音楽，遊戯，絵画その他の方法により，創作的表現に対する興味を養うこと。

　戦時下においては，保育のあり方も，一斉保育・合同保育が主となり，保母（幼稚園教諭）が主導する保育や設定保育が増加しましたが，戦後になると，再び子どもたちの自発性，自

主性を重視した自由保育の考えが芽生え，子どもたちを保育の中心に据えることになったことがうかがわれます。また1947（昭和22）年の「児童福祉法」制定にともない，それまでは託児所と呼ばれていた保育所は「児童福祉施設」のひとつとして位置づけられることになりました。

　幼稚園や保育所の保育の理念や目的の基準は示されるようになりましたが，このことを具体化するための実践上の指針となるものはまだありませんでした。こうした状況において，具体的かつ実際的な保育内容の基準として作成されたのが，「保育要領－幼児教育の手引き－」（昭和23年）でした。保育要領は，新たに出発した幼稚園，保育所，そして家庭における幼児教育のための手引書として作成されたものです。GHQの教育局の顧問であったヘファナン（H. Heffernan, 1896-1987）の進歩主義教育，経験主義的教育の考え方を取り入れ，倉橋惣三や山下俊郎（1903-1982）が委員となって作成しました。

　保育内容は，「楽しい幼児の経験」として，「見学，リズム，休息，自由遊び，音楽，お話，絵画，製作，自然観察，ごっこ遊び・劇遊び・人形芝居，健康保育，年中行事」の12項目が示されました。保育内容として，子どもの多様な経験が網羅されています。

　保育の方法に関連することですが，子どもの自発性が重視され，とくに遊びが子どもにとって重要な経験として考えられたのです。デューイの「なすことによって学ぶ（Learning by Doing）」の精神を生かした保育の方法が用いられました。とくに，上記の保育内容の中でも「自由遊び」によって保育を展開することが求められました。たとえば，次のようです。「幼稚園における幼児の生活は自由な遊びを主とするから，一日を特定の作業や活動の時間に細かく分けて，日課を決めることは望ましくない。一日を自由に過ごして，思うまま楽しく活動できることが望ましい。」子ども中心の経験主義を基調とする保育要領は，新時代の保育のガイドラインとして，多くの幼稚園や保育所において活用されるようになりました。

　「保育要領」が刊行されたのと同じ年に「児童福祉施設最低基準」（のちの「児童福祉施設の設備及び運営に関する基準」）が公布され，保育所の保育内容の基準も示されました。保育内容は，「健康状態の観察，個別検査，自由遊び，午睡，健康診断」となり，「自由遊び」は，音楽，リズム，絵画，製作，お話，自然観察，社会観察，集団遊びなどを含むものとされました。

　保育所のガイドラインに関しては，こののち，厚生省（現厚生労働省）により「保育所運営要綱」（昭和24年），「保育所運営要領」（昭和25年），「保育指針」（昭和27年）などが相次いで刊行され，保育所の保育内容や保育方法の充実化がなされましたが，保育所の全国統一基準を示すガイドラインは，昭和40（1965）年の『保育所保育指針』（厚生省児童局長通知）の公刊を待たなければなりませんでした。

2. 総合的な指導と「幼稚園教育要領」(1956年, 1964年)・「保育所保育指針」(1965年)

　幼稚園は，小学校へ連続していく教育機関として市民権を得て，全国に広がっていきます。また保育所も，就労する母親が増加していくにつれて，その設置数が増えていきます。このような背景のもとで，幼稚園や保育所では，進めていく保育の国家的な基準の策定を求める声も大きくなってきました。

　このようななかで，1956（昭和31）年，「幼稚園教育要領（試案）」が公刊されました。試案として，「小学校学習指導要領」等が公刊されて行く過程のなかで「幼稚園教育要領」も策定されたのです。

　試案としての幼稚園教育要領は，人間の一生涯における幼児期の成長発達の大切さを強調し，幼児教育が「こどもの性格形成の上からは非常に重要である」という認識の下で，幼児期としての「最善の成長」を促すことが幼稚園教育の役割であるとしています。そして，保育要領における経験主義の教育観，教育方法を引き継ぎながら，5つの教育目標（前出）に従って，保育内容として六つの経験のまとまりを引き出し，幼児期における望ましい経験を6つの領域に組織化しようとしたのです。「領域」として，健康，社会，自然，言語，音楽リズム，絵画製作が取り出されました。これが「6領域」の考え方であり，「領域」が幼児教育における教育内容の独自な考え方として，初めて登場したのです。

　「幼児の具体的な生活経験は，ほとんど常に，これらいくつかの領域にまたがり，交錯して現れる。したがってこの内容領域の区分は，内容を一応組織的に考え，かつ指導計画を立案するための便宜からしたものである」とされましたが，やがて6領域がひとり歩きをするようになり，幼稚園（幼児教育）といえば領域だという考え方が広がるようになったのです。

　領域概念の導入とともに，幼児教育の特徴的な教育方法として強調されたのが，「総合的な指導」という考え方です。「幼稚園の指導計画ということについては，ときとしてかなり懐疑的な考えをもたれることがある。それは，幼稚園の教育が，小学校や中学校のように，はっきり教科を設けて系統的に学習させるやり方とは違い，全体的，未分化的に生活を指導する形で行わなければならないという理由に基づくことが多いようである。しかし，総合的な指導には，計画がいらないとは言われない。それどころか，分化的，専門的にはっきりした順序系統で指導するときよりも，いっそう計画が必要だと言えよう。」小学校における教科等による系統的な学習や指導とは異なり，幼児期の成長発達の特性から，全体的，未分化的，総合的に子どもの生活経験を指導していくことが表明されたのです。今では，総合的な指導は，まさに幼児教育の特徴ある指導のあり方として一般的なものになっていますが，この試案として

の「幼稚園教育要領」においてはじめて提案されたものです。

「幼稚園教育要領」試案は，1964（昭和39）年には「幼稚園教育要領」（文部省告示）として正式なものとなります。ここでも，「総合的な指導」や「総合的な経験」が幼児教育の教育方法，保育方法のキーワードとして登場します（下線は筆者による）。

> 幼児の生活経験に即し，その興味や欲求を生かして，<u>総合的な指導</u>を行なうようにすること。　　　　　　　　　　　　　　　　　　　　　（第1章 総則1 基本方針（8））
> 健康，社会，自然，言語，音楽リズムおよび絵画製作の各領域に示す事項は，幼稚園教育の目標を達成するために，原則として幼稚園修了までに幼児に指導することが望ましいねらいを示したものである。しかし，それは相互に密接な連絡があり，幼児の具体的，<u>総合的な経験</u>や活動を通して達成されるものである。　　（第2章 内容（前文））

「幼稚園教育要領」に準じて，「保育所保育指針」が作成公刊されました。翌1965（昭和40）年のことです。「保育所保育指針」公刊の背景には，1963（昭和38）年に通知された，「幼稚園と保育所との関係について」（文部省初等中等教育局長と厚生省児童家庭局長による連名通知）がありました。この連名通知では，幼稚園と保育所の役割は異なる（幼稚園は幼児期の教育を担い，保育所は保育に欠ける児童の保育を担う）けれども，共通に在籍する3歳以上児の保育については，共通化を図りましょうと提言されたのです。この結果，3歳以上児の保育内容については同じような領域構成がなされることになりました（保育所保育指針においては，健康，社会，自然，言語，音楽，造形となっています）。

領域構成よりももっと重要なのは，この「保育所保育指針」では，「養護と教育とが一体となって，豊かな人間性をもった子どもを育成するところに，保育所における保育の基本的性格がある」とされたことです。「養護と教育の一体性」は，こののち現在に至るまで，保育所保育の基本的なあり方や特性を示すキーワードとなっています。

3. 環境による保育と「幼稚園教育要領」（1989年）・「保育所保育指針」（1990年）

およそ半世紀の期間をおいて，1989（平成元）年，「幼稚園教育要領」が改訂されました。時代や社会の変化を背景とした，大幅な改訂です。四半世紀の間，前「幼稚園教育要領」や「保育所保育指針」における基本的な保育方針に導かれて，幼稚園や保育所においては，領域を小学校の教科のように見なして，保育者が領域ごとに設定された望ましい活動を子どもに押

し付け，その活動を保育者が主導的にリードしていくといった保育が増えるようになりました。子どもが自ら進んで行う遊びを基本原理として，子どもの自発性や主体性を伸ばしていくといった考え方がなりを潜めるようになり，保育者中心の保育が進められるようになっていったのです。

これに待ったをかけ，保育者主導型の保育から子ども中心の保育へ大きく転換しようとしたのが，1989年の「幼稚園教育要領」であり，1990年の「保育所保育指針」なのです。

1989年「幼稚園教育要領」には，冒頭にこれまでまったく想定することもできなかったような幼児教育のあり方が提言されました。ここに，その第1章総則1幼稚園教育の基本の全文を掲載しましょう。

> 幼稚園教育は，幼児期の特性を踏まえ環境を通して行うものであることを基本とする。このため，教師は幼児との信頼関係を十分に築き，幼児と共によりよい教育環境を創造するように努めるものとする。これらを踏まえ，次に示す事項を重視して教育を行わなければならない。
>
> (1) 幼児は安定した情緒の下で自己を十分に発揮することにより発達に必要な体験を得ることを考慮して，幼児の主体的な活動を促し幼児期にふさわしい生活が展開されるようにすること。
>
> (2) 幼児の自発的な活動としての遊びは，心身の調和のとれた発達の基礎を培う重要な学習であることを考慮して，遊びを通しての指導を中心として第2章に示すねらいが総合的に達成されるようにすること。
>
> (3) 幼児の発達は，心身の諸側面が相互に関連し合い多様な経過をたどって成し遂げられていくものであること，また幼児の生活経験がそれぞれ異なることなどを考慮して，幼児一人一人の特性に応じ発達の課題に即した指導を行うようにすること。（下線は筆者による）

ここで強調されているのは，「環境を通して行う教育」です。幼稚園教育の基本として示されたこの文言は，現在においても原則として維持されています。「環境を通して行う教育」が意味するのは，保育者が表に出ず，主導とならない間接的な教育のあり方であり，子ども自ら環境に関わって豊かな体験を積み上げることを通して子どもの主体的な育ちを大切にしようという考え方です。

また，子どもの自発的，主体的な活動として，「遊び」が復権しました。これまでも保育内容としてさまざまな遊びが盛り込まれていましたが，保育者のリーダーシップよりも子どもの自発性や主体性が尊重されなければならないという意味において，遊びが強調され

たのです。

　こうして，新しい「幼稚園教育要領」から，「環境を通して行う教育」と「遊びを通しての総合的な指導」が幼児教育・保育の方法として導かれてきます。これらは，現在においても，幼児教育に独自な教育方法，保育方法として意義をもつものとなっています。

　新しい保育所保育指針においても，環境による保育と遊びによる総合的な保育という考え方が大きくクローズアップされました。環境による保育の観点では，「保育の環境には保母（現保育士）や子ども等の人的環境，施設や遊具などの物的環境，さらには，自然や社会の事象などがある。そして，人，物，場が相互に関連し合って，子どもに一つの環境状況をつくり出す。こうした環境により，子どもの生活が安定し，活動が豊かなものとなるように工夫することが大切である」（第1章総則1保育の原理　より）と述べられています。また，遊びによる保育の観点では，「子どもが自発的，意欲的にかかわれるような環境の構成と，そこにおける子どもの主体的な活動を大切にし，乳幼児期にふさわしい体験が得られるように遊びを通して総合的に保育を行うこと」（第1章総則1保育の原理　より）と述べられています。ここには，環境による保育の視点も読み取ることができます。

　保育を子どもの側から構造化し直すことに重きが置かれ，「領域」も子どもの活動内容の枠組みではなく，「発達の側面」と意味付けられました。「領域」の意義が大きく捉え直されたのです。「幼稚園教育要領」第2章「ねらい及び内容」の冒頭には次のように述べられました。「この章に示すねらいは幼稚園修了までに育つことが期待される心情，意欲，態度などであり，内容はねらいを達成するために指導する事項である。これらを<u>幼児の発達の側面</u>から，心身の健康に関する領域『健康』，人とのかかわりに関する領域『人間関係』，身近な環境とのかかわりに関する領域『環境』，言葉の獲得に関する領域『言葉』及び感性と表現に関する領域『表現』としてまとめ，示したものである。」（下線は筆者による）

　なお，ここに示されているように，領域の枠組みも変化しました。子どもの発達を全体的にとらえる視点から，領域そのものも構造化し直されたのです。

　以上のような見直しの考え方は，「保育所保育指針」においても踏襲されていますが，保育所保育指針においては，養護と教育を一体とした保育を豊かに実施していく観点から，養護的側面を「基礎的事項」として保育内容の基底的部分に位置付けました。保育内容として，養護は「基礎的事項」として，教育は「5領域」として示されることになったのです。保育内容を養護面と教育面に分けて示すという仕方は，現在に至るまで継承されています。

4. 生きる力の基礎を育む保育と「幼稚園教育要領」（1998年）・「保育所保育指針」（1999年）

(1)「幼稚園教育要領」（1998年）

　平成10年改訂の「幼稚園教育要領」では，平成元年の教育要領の精神を継承して，子ども中心の保育の考え方を基礎として，環境による保育，遊びによる保育を展開することが求められています。とりわけ，環境による保育に関しては，「幼稚園教育要領」の冒頭に，保育者の専門性として，計画的に環境構成を行うことの重要性が盛り込まれました。

　「その際，教師は，幼児の主体的な活動が確保されるよう幼児一人一人の行動の理解と予想に基づき，計画的に環境を構成しなければならない。この場合において，教師は，幼児と人やものとのかかわりが重要であることを踏まえ，物的・空間的環境を構成しなければならない。また，教師は，幼児一人一人の活動の場面に応じて，様々な役割を果たし，その活動を豊かにしなければならない。」とされ，環境による保育の具体的，実践的側面が強調されたのです。

　また，子どもにとって人的環境としての保育者のあり方，その専門的な役割が明確にされました。「幼児の精神的安定の拠り所としての役割」「憧れを形成するモデルとしての役割」「幼児の遊びの援助者としての役割」「幼児との共同作業者，幼児と共鳴する者としての保育者」「幼児の理解者としての役割」です。幼児教育に携わる保育者の多様な役割が示され，保育者にふさわしい専門的力量を発揮することが求められたのです。

　さらに，幼児教育の役割は何かということが改めて問われ，幼児教育は「生きる力の基礎を育む」ものとして行われることが明確にされました。「生きる力」とは，1996年の中央教育審議会答申「21世紀を展望した我が国の教育の在り方について」（第一次答申）において，これからのわが国の教育がめざすものとして想定されたものです。「生きる力」とは，「自分で課題を見つけ，自ら学び，自ら考え，主体的に判断し，行動し，よりよく問題を解決する資質や能力であり，また，自らを律しつつ，他人とともに協調し，他人を思いやる心や感動する心など豊かな人間性（であり）…，たくましく生きるための健康や体力」です。変化の激しいこれからの社会を生き抜いていくために，「生きる力」としてのこれら3つの資質や能力を身に付けていこうというわけです。生きる力の育成という考え方を反映して，幼稚園教育のねらいは，「幼稚園修了までに育つことが期待される生きる力の基礎となる心情，意欲，態度など」と示されました。

　保育内容の枠組みとしての「領域」を「子どもの発達の側面」と位置付けているのは，平成元年版の考え方を継承しています。

幼稚園の保育現場に広がっていた「預かり保育」を幼稚園の保育機能のひとつとして認め，幼稚園も，女性の社会参加の拡大や家庭の教育力の低下に対応した「子育て支援」の機能を果たすことが求められました。

(2)「保育所保育指針」(1999年)

「幼稚園教育要領」の改訂を受けて，翌年に保育所保育指針も改定（「保育所保育指針」の場合は，「改定」という）されました。

保育の方法という視点からみると，前幼稚園教育要領以来の子ども中心主義や経験主義の流れを共有しています。保育指針に描かれた「保育の方法」のなかから，方法的な意義をもつものを改めて抽出すると，次のようです。

「子どもが自発的，意欲的にかかわれるような環境の構成と，そこにおける子どもの主体的な活動を大切にし，乳幼児期にふさわしい体験が得られるように遊びを通して総合的に保育を行うこと」（保育所保育指針（1999）第1章総則1保育の原理（2）保育の方法，より）。

ここに，環境を通して行う保育，遊びを通して行う総合的な保育という保育方法が求められていることが明示されています。

このように，保育内容や保育方法の考え方においては，前幼稚園教育要領，前保育所保育指針の精神を継承していますが，「生きる力の基礎を育む」という保育の方向性は，保育の方法のなかに次のように反映されています。「イ 子どもの発達について理解し，子ども一人一人の特性に応じ，<u>生きる喜びと困難な状況への対処する力を育てる</u>ことを基本とし，発達の課題に配慮して保育すること」（「保育所保育指針」第1章総則1保育の原理（2）保育の方法，下線は筆者）。

「領域」は，保育内容の枠組みではありますが，同時に「子どもの発達の側面」であるという捉え方は，幼稚園教育要領と軌を一にしています。また，保育所保育は養護と教育を一体として展開されるものとされていますが，1990年版「保育所保育指針」を継承して，養護面を「基礎的事項」として位置付け，5領域とともに，保育内容の中に組み込んでいます。各年齢別の保育内容において，養護面の保育内容，5領域の保育内容（教育面）の順に記載されています。

乳児保育の充実を目指して，一人ひとりの子どもに寄り添う保育，すなわち「担当制の保育」が提案されました。「特定の保育士の愛情深い関わりが，基本的な信頼関係の形成に重要であることを認識して，担当制を取り入れるなど職員の協力体制を工夫して保育する」（「6か月未満児の保育の内容」）ということです。6か月未満児の保育についての配慮事項にも，「愛情豊かな特定の大人との継続性のある応答的で豊かな関わりが，子どもの人格形成の基盤とな

り，情緒や言葉の発達に大きく影響することを認識し，子どものさまざまな欲求を適切に満たし，子どもとの信頼関係を十分に築くように配慮する」とされたのです。

さらに，改定「保育所保育指針」では，保育所における「子育て支援」（障害児保育，延長保育，産休明け保育，病児・病後児保育，一時保育など）を拡大し，保護者のさまざまなニーズに対応していくことが求められました。そして，これらの子育て支援の方法と実際を指導計画のなかに盛り込むこととなったのです。

5.「子育て支援」と「幼稚園教育要領」（2008年）・「保育所保育指針」（2008年）

(1)「幼稚園教育要領」（2008年）・「保育所保育指針」（2008年）

平成20（2008）年には，「幼稚園教育要領」と「保育所保育指針」が同時に改訂・改定されました。両者が同時に改訂されるのは初めてのことです。この背景には，保育所保育指針が「告示」となったことに関係があります。「幼稚園教育要領」は，昭和39年版より文部大臣（現文部科学大臣）の告示となっていますが，「保育所保育指針」は今回の改定により初めて告示となったのです。これまでの「保育所保育指針」は，厚生省（現厚生労働省）児童家庭局通知であり，いわば保育所保育のための参考資料という域を出ないものだったのですが，告示化により公的に認知されることとなり，「幼稚園教育要領」と同じように，順守すべき法令的なものとなりました。告示化にともなって，幼稚園では各園において「教育課程」(カリキュラム，子どもの育ちと学びのプログラム)を策定しなければならないのと同じように，保育所においても「保育課程」(保育所保育のカリキュラム)を作成しなければならないこととなったのです。

さて，「幼稚園教育要領」及び「保育所保育指針」改訂（改定）の背景となったのは，平成17（2005）年の中央教育審議会（以下，中教審）答申「子どもを取り巻く環境の変化を踏まえた今後の幼児教育の在り方について～子どもの最善の利益のために幼児教育を考える～」，平成18（2006）年の「教育基本法」全面改正，同年の「学校教育法」の改正などです。この中教審答申は，幼児教育・保育分野に焦点を当てて策定された初めての答申です。幼児教育・保育の社会的重要性，すなわち幼児教育の充実が社会発展の基礎となるという視点から，わが国の幼児教育・保育のあり方を見直し，幼児教育・保育のさらなる充実をめざしたものです。国際的な広がりをみせるECEC運動（Early Childhood Education and Care）を牽引してきたOECD（経済開発協力機構）による"Starting Strong"（2001）を踏まえ，公的な幼児教育・保育を社会の隅々にまで広げていき，よりよい幼児教育・保育を創り上げていくことを提言したものです。

また，平成18（2006）年には，教育基本法が戦後初めて全面改正され，初めて幼児教育の振興を謳う条文が設けられました。その第11条（幼児期の教育）に，「幼児期の教育は，生涯にわたる人格形成の基礎を培う重要なものであることにかんがみ，国及び地方公共団体は，幼児の健やかな成長に資する良好な環境の整備その他適当な方法によって，その振興に努めなければならない。」とされたのです。さらに，学校教育法も同時に改正され，幼稚園に関する条文は，すべての学校種の最初に掲げられることとなり，その目的は次のように提示されました。「幼稚園は，義務教育及びその後の教育の基礎を培うものとして，幼児を保育し，幼児の健やかな成長のために適当な環境を与えて，その心身の発達を助長することを目的とする。」（学校教育法第22条。下線は旧条文に書き足された部分を示す）教育基本法の条文と合わせて読み取ると，幼児教育は生涯にわたって連続的になされ続けていく人間形成の基礎に当たる部分であり，それは有意な環境を通して人としての発達を促していくように行われるものである，ということになります。

　改訂幼稚園教育要領は，遊びによる教育，環境による教育，子どもの主体的な活動の尊重など，1989年版教育要領の教育観を継承していますが，小学校教育につながる連続的な発達を強調していること，また，預かり保育を「教育課程に係る教育時間の終了後等に行う教育活動」として，幼稚園における教育活動の一部として位置付けたことなどが新しい方向性です。

　小学校教育につながる連続的な発達という考え方のもとに，小学校との接続や連携がこれまでよりもいっそう強く求められました。「幼稚園教育と小学校教育との円滑な接続のため，幼児と児童の交流の機会を設けたり，小学校の教師との意見交換や合同の研究の機会を設けたりするなど，連携を図るようにすること」とされ，幼稚園から小学校への接続教育を展開することが求められました。保育内容においても，領域「人間関係」において，協同性の育ちが新たに導入され，友達と豊かな関係を築いていくことが小学校へも受け渡されていくことが期待されています。

　多くの幼稚園で「預かり保育」を行うことが常態になっていることを受け，預かり保育を幼稚園の教育機能としたことも，改訂幼稚園教育要領の新視点です。これは，幼稚園も子育て支援機能を果たしていくということです。幼稚園が協力して，家庭と幼稚園が一緒に幼児を育てるという意識が高まるように，保護者とのつながりを豊かなものにしていくことが求められたのです。

　改定保育所保育指針においても，子育て支援機能の充実を図ろうとする姿勢が読み取れます。ひとつは，保育所保育の目標が改めて表明され，子育て支援が保育の目標の柱のひとつとして示されたのです。これは実に画期的なことでした。子育て支援は，保育者の業務であ

り，保育が目指す重要な機能のひとつであるということです。

> (1) 保育の目標
> ア　保育所は，子どもが生涯にわたる人間形成にとって極めて重要な時期に，その生活時間の大半を過ごす場である。このため，保育所の保育は，子どもが現在を最も良く生き，望ましい未来をつくり出す力の基礎を培うために，次の目標を目指して行わなければならない。
> (ア) 十分に養護の行き届いた環境の下に，くつろいだ雰囲気の中で子どもの様々な欲求を満たし，生命の保持及び情緒の安定を図ること。
> (イ) 健康，安全など生活に必要な基本的な習慣や態度を養い，心身の健康の基礎を培うこと。
> (ウ) 人との関わりの中で，人に対する愛情と信頼感，そして人権を大切にする心を育てるとともに，自主，自立及び協調の態度を養い，道徳性の芽生えを培うこと。
> (エ) 生命，自然及び社会の事象についての興味や関心を育て，それらに対する豊かな心情や思考力の芽生えを培うこと。
> (オ) 生活の中で，言葉への興味や関心を育て，話したり，聞いたり，相手の話を理解しようとするなど，言葉の豊かさを養うこと。
> (カ) 様々な体験を通して，豊かな感性や表現力を育み，創造性の芽生えを培うこと。
> <u>イ　保育所は，入所する子どもの保護者に対し，その意向を受け止め，子どもと保護者の安定した関係に配慮し，保育所の特性や保育士等の専門性を生かして，その援助に当たらなければならない。</u>
> 　　　（「保育所保育指針」第1章総則1保育の原理(1)保育の目標，2008年版。下線は筆者）

　養護と教育の一体化ということが保育所保育の特性であるとされてきましたが，改定保育所保育指針では，「養護」という保育機能をいっそう際立たせることになりました。これまでは養護という保育機能は「基礎的事項」とされてきましたが，保育内容において，明確に「養護」の事項と「教育」の事項に分けて記載したのです。

　すなわち，保育所保育の二重の機能としての「養護」と「教育」を保育内容の「ねらい」及び「内容」の構成に反映させ，「養護に関わるねらい及び内容」（生命の保持と情緒の安定）と「教育に関わるねらい及び内容」（健康，人間関係，環境，言葉及び表現の5領域）に分けて示しました。改訂「幼稚園教育要領」と改定「保育所保育指針」における保育内容の構成を表にして提示しますので，保育内容の構成を理解するのに参考にしてください。

表 4-1 幼稚園と保育所における保育の内容（○養護，●教育）

幼稚園教育要領	保育所保育指針
〔教育〕（子どもの発達の側面） ●健康 ●人間関係 ●環境 ●言葉 ●表現	〔養護〕 ○生命の保持 ○情緒の安定 〔教育〕（子どもの発達の側面） ●健康 ●人間関係 ●環境 ●言葉 ●表現

表 4-2 幼稚園と保育所における「ねらい及び内容」（○養護，●教育）

	幼稚園教育要領	保育所保育指針
ねらい	●「幼稚園修了までに育つことが期待される生きる力の基礎となる心情，意欲，態度など」	○〔養護〕「保育士等が行わなければならない事項」 ●〔教育〕「子どもが身に付けることが望まれる心情，意欲，態度などの事項」
内容	●「ねらいを達成するために指導する事項」	○〔養護〕「保育士等が適切に行う事項」 ●〔教育〕「保育士等が援助して子どもが環境に関わって経験する事項」

(2)「幼保連携型認定こども園教育・保育要領」(2014年)

　「幼保連携型認定こども園」とは，幼稚園と保育所の機能を統合した施設のことです。幼稚園と保育所の一元化は，長年にわたってわが国の保育制度の課題でしたが，近年，保育所の待機児童問題や幼稚園の園児減少の問題が深刻化するに及んで，内閣府と文部科学省，厚生労働省の協力によって，幼稚園と保育所のはたらきを併せ持つ「認定こども園」が生まれました。そのときは幼稚園と保育所を単に結合したような制度化でしたが，平成 24（2012）年の「子ども・子育て関連3法」（子ども・子育て支援法，認定こども園法の一部改正法，子ども・子育て支援法及び認定こども園法の一部改正法の施行に伴う関係法律の整備等に関する法律）によって，制度や運営の一本化が図られ，学校（幼児期の学校としての幼稚園）及び児童福祉施設としての法的位置付けを持つ「単一の施設」となりました。

　幼保連携型認定こども園は，平成 27（2015）年の「子ども・子育て支援新制度」によって全国的に広がっていくことになりました。現在（平成 30 年）では，全国で 5,000 施設を超えるほどになっています。幼保連携型認定こども園の教育・保育のガイドラインを「幼保連携型認定こども園教育・保育要領」といいます。平成 26（2014）年に最初の要領が告示として出されました。

「幼保連携型認定こども園教育・保育要領」は,「幼稚園教育要領」及び「保育所保育指針」の内容を踏まえたうえで,子育て支援(保護者支援及び地域の子育て家庭の支援)と小学校教育と円滑な接続教育をより強調しています。

カリキュラムの呼び方については,幼稚園教育要領では「教育課程」,保育所保育指針では「保育の計画(保育課程及び指導計画)」といいますが,幼保連携型認定こども園教育・保育要領では,「全体的な計画」といいます。短時間利用児(幼稚園的子ども)と長時間利用児(保育所的子ども)のすべての子どもにとっての全体的,総合的な教育(幼稚園)及び保育(保育所)の枠組みを示すものとして作成が義務付けられています。

6. アクティブ・ラーニングと「幼稚園教育要領」(2017年),「保育所保育指針」(2017年),及び「幼保連携型認定こども園教育・保育要領」(2017年)

2017年3月31日,幼稚園教育要領,保育所保育指針,幼保連携型認定こども園教育・保育要領がそろって改訂(改定)告示されました。

これらにおいては,共通して,就学前の教育・保育の充実が国際的に叫ばれるなかで,幼児教育・保育によって子どものなかにどのような資質や能力を伸ばしていくかが大きな課題となり,乳幼児期ならではの「学び」を大切にしよう,小学校へつながる「学び」を大切にしようという姿勢が一貫しています。こうして成立したのが,「育みたい資質・能力」と「幼児期の終わりまでに育ってほしい姿」です。「育みたい資質・能力」は,もともと小学校教育の目標(学校教育法第30条2)から導かれています。その意味で,学校教育一般において育てていく資質・能力として考えられたものです。したがって,幼児教育・保育分野では,次にみるように,「基礎」という言葉が付されています。「育みたい資質・能力」と「幼児期の終わりまでに育ってほしい姿」とは,以下のとおりです。

【育みたい資質・能力】
ア　豊かな体験を通じて,感じたり,気付いたり,分かったり,できるようになったりする「知識及び技能の基礎」
イ　気付いたことや,できるようになったことなどを使い,考えたり,試したり,工夫したり,表現したりする「思考力,判断力,表現力等の基礎」
ウ　心情,意欲,態度が育つ中で,よりよい生活を営もうとする「学びに向かう力,人間性等」
【幼児期の終わりまでに育ってほしい姿】
ア　健康な心と体(保育所の生活の中で,充実感をもって自分のやりたいことに向かって心と体を十分に働かせ,見通しをもって行動し,自ら健康で安全な生活をつくり出すようになる。)

- イ 自立心（身近な環境に主体的に関わり様々な活動を楽しむ中で，しなければならないことを自覚し，自分の力で行うために考えたり，工夫したりしながら，諦めずにやり遂げることで達成感を味わい，自信をもって行動するようになる。）
- ウ 協同性（友達と関わる中で，互いの思いや考えなどを共有し，共通の目的の実現に向けて，考えたり，工夫したり，協力したりし，充実感をもってやり遂げるようになる。）
- エ 道徳性・規範意識の芽生え（友達と様々な体験を重ねる中で，してよいことや悪いことが分かり，自分の行動を振り返ったり，友達の気持ちに共感したりし，相手の立場に立って行動するようになる。また，きまりを守る必要性が分かり，自分の気持ちを調整し，友達と折り合いを付けながら，きまりをつくったり，守ったりするようになる。）
- オ 社会生活との関わり（家族を大切にしようとする気持ちをもつとともに，地域の身近な人と触れ合う中で，人との様々な関わり方に気付き，相手の気持ちを考えて関わり，自分が役に立つ喜びを感じ，地域に親しみをもつようになる。また，保育所内外の様々な環境に関わる中で，遊びや生活に必要な情報を取り入れ，情報に基づき判断したり，情報を伝え合ったり，活用したりするなど，情報を役立てながら活動するようになるとともに，公共の施設を大切に利用するなどして，社会とのつながりなどを意識するようになる。）
- カ 思考力の芽生え（身近な事象に積極的に関わる中で，物の性質や仕組みなどを感じ取ったり，気付いたりし，考えたり，予想したり，工夫したりするなど，多様な関わりを楽しむようになる。また，友達の様々な考えに触れる中で，自分と異なる考えがあることに気付き，自ら判断したり，考え直したりするなど，新しい考えを生み出す喜びを味わいながら，自分の考えをよりよいものにするようになる。）
- キ 自然との関わり・生命尊重（自然に触れて感動する体験を通して，自然の変化などを感じ取り，好奇心や探究心をもって考え言葉などで表現しながら，身近な事象への関心が高まるとともに，自然への愛情や畏敬の念をもつようになる。また，身近な動植物に心を動かされる中で，生命の不思議さや尊さに気付き，身近な動植物への接し方を考え，命あるものとしていたわり，大切にする気持ちをもって関わるようになる。）
- ク 数量や図形，標識や文字などへの関心・感覚（遊びや生活の中で，数量や図形，標識や文字などに親しむ体験を重ねたり，標識や文字の役割に気付いたりし，自らの必要感に基づきこれらを活用し，興味や関心，感覚をもつようになる。）
- ケ 言葉による伝え合い（保育士等や友達と心を通わせる中で，絵本や物語などに親しみながら，豊かな言葉や表現を身に付け，経験したことや考えたことなどを言葉で伝えたり，相手の話を注意して聞いたりし，言葉による伝え合いを楽しむようになる。）
- コ 豊かな感性と表現（心を動かす出来事などに触れ感性を働かせる中で，様々な素材の特徴や表現の仕方などに気付き，感じたことや考えたことを自分で表現したり，友達同士で表現する過程を楽しんだりし，表現する喜びを味わい，意欲をもつようになる。）

（「保育所保育指針」第1章総則4幼児教育を行う施設として共有すべき事項より，2017年）

　これらは，「第2章に示すねらい及び内容に基づく保育活動全体を通して資質・能力が育まれている子どもの小学校就学時の具体的な姿であり，保育士等が指導を行う際に考慮するもの」であり，5領域の保育内容の中に織り込まれていくものですが，乳幼児期ならではの「学び」として考えられたものであり，また小学校への接続が想定されたものとなっています。

　乳幼児期ならではの「学び」という要素がクローズ・アップされたため，「ねらい及び内容」

の意味付けが変わりました。1989年の幼稚園教育要領以来,「ねらい」は「幼稚園修了までに育つことが期待される生きる力の基礎となる心情,意欲,態度など」とされてきたのですが,今回の改訂においては,「幼稚園教育において育みたい資質・能力を幼児の生活する姿から捉えたもの」となったのです。「ねらい」の示し方は,もちろん保育所保育指針も幼保連携型認定こども園も共通しています。

　幼稚園教育要領と幼保連携型認定こども園教育・保育要領に共通して,新しい動向として持ち込まれたのが,「カリキュラム・マネジメント」と「アクティブ・ラーニング」(「主体的・対話的で深い学び」) です。

　「各幼稚園においては,…『幼児期の終わりまでに育ってほしい姿』を踏まえ教育課程を編成すること,教育課程の実施状況を評価してその改善を図っていくこと,教育課程の実施に必要な人的又は物的な体制を確保するとともにその改善を図っていくことなどを通して,教育課程に基づき組織的かつ計画的に各幼稚園の教育活動の質の向上を図っていくこと (以下「カリキュラム・マネジメント」という。) に努めるものとする。」(幼稚園教育要領 2017) とされました。カリキュラムの運営については,PDCA体制を構築し,より質の高い教育・保育を実現していこうというのです。

　カリキュラム・マネジメントとともに,子どもの「主体的・対話的で深い学び」を実現するために取り組んでいこうというのが,アクティブ・ラーニングです。アクティブ・ラーニングは,教育・保育の方法として提案されたものです。子どもが主体的,自発的に活動し,友達と協力したり励まし合ったりして,対象に対する深い学びが実現するような保育実践が求められています。

　今回の改訂 (改定) において,保育所保育指針と幼保連携型認定こども園教育・保育要領に共通して新たに盛り込まれたのが,0歳児と1・2歳児の保育内容です。0歳児 (乳児) では,身体的発達,社会的発達,精神的発達の3つの視点によって保育内容を構成することになり,1・2歳児 (タドラー) では,3歳以上児と共通して,5領域によって保育内容が示されています。また,保育カリキュラムの呼称において,保育所においては「保育課程」が姿を消し,幼保連携型認定こども園と同じように,「全体的な計画」と呼ばれることになりました。

引用・参考文献

文部省編『幼稚園教育百年史』ひかりのくに,1979年
日本保育学会編『日本幼児保育史』日本図書センター,1998年
待井和江編『保育原理第7版』ミネルヴァ書房,2009年
戸江茂博編著『保育カリキュラムの基礎理論』あいり出版,2018年
無藤隆・汐見稔幸・砂上史子『3法令ガイドブック』フレーベル館,2017年

文部省「幼稚園教育要領（試案）」1956年
文部省「幼稚園教育要領」1964年
厚生省「保育所保育指針」1965年
文部省「幼稚園教育要領」1989年
厚生省「保育所保育指針」1990年
文部省「幼稚園教育要領」1998年
厚生労働省「保育所保育指針」1999年
文部科学省「幼稚園教育要領」2008年
厚生労働省「保育所保育指針」2008年
内閣府・文部科学省・厚生労働省「幼保連携型認定こども園教育・保育要領」2014年
文部科学省「幼稚園教育要領」2017年
厚生労働省「保育所保育指針」2017年
内閣府・文部科学省・厚生労働省「中央説明会資料（幼保連携型認定こども園教育・保育要領，幼稚園教育要領，保育所保育指針）」2017年
文部科学省「幼稚園教育要領解説」2018年
厚生労働省「保育所保育指針解説」2018年
内閣府・文部科学省・厚生労働省「幼保連携型認定こども園教育・保育要領解説」2018年

第5章
「幼稚園教育要領」「保育所保育指針」「幼保連携型認定こども園教育・保育要領」における教育・保育方法について学ぶ

☞「幼稚園教育要領」「保育所保育指針」「幼保連携型認定こども園教育・保育要領」には、日本の幼児教育・保育で大切にすべきことは何か、という基本方針が示されています。また、幼稚園や保育所において、教育課程（全体的な計画）や指導計画を作成する際の基礎となるものでもあります。本章では、これら3つの要領・指針における教育・保育方法について学んでいきます。要領・指針というと、「なんだかむずかしくてよくわからない…」と感じる人もいるかもしれませんが、幼稚園や保育所でみられる事例を用いながら、具体的に紐解いていきたいと思います。☞

1.「幼稚園教育要領」「保育所保育指針」「幼保連携型認定こども園教育・保育要領」の改訂（改定）とそのポイント

(1)「幼稚園教育要領」「保育所保育指針」「幼保連携型認定こども園教育・保育要領」の改訂（改定）

　2017（平成29）年3月31日に、「幼稚園教育要領」「保育所保育指針」「幼保連携型認定こども園教育・保育要領」が同時改訂（改定）されました。2017年の改訂では、幼稚園、認定こども園とともに、保育所が初めて日本の「幼児教育施設」として位置づけられ、3つの幼児教育施設に共通する幼児教育のあり方として、「環境を通した教育（保育）」「乳児期からの発達と学びの連続性」「小学校教育との接続のあり方」などが明確になりました。以下では、3つの要領・指針に共通する改訂（改定）のポイントを確認し、幼児教育において大切にすべきことは何かについて、考えてみましょう。

(2) 3要領・指針改訂（改定）のポイント
① 幼児教育において育みたい資質・能力

　「幼稚園教育要領」「保育所保育指針」「幼保連携型認定こども園教育・保育要領」では、共通して次のように述べられています。ここでは「幼稚園教育要領」から引用しましょう。

表 5-1　幼児期において育みたい資質・能力（下線は筆者）

> 幼稚園においては，生きる力の基礎を育むため，この章の第1に示す幼稚園教育の基本を踏まえ，次に掲げる資質・能力を一体的に育むよう努めるものとする。
> (1) 豊かな体験を通じて，感じたり，気付いたり，分かったり，できるようになったりする <u>「知識及び技能の基礎」</u>
> (2) 気付いたことや，できるようになったことなどを使い，考えたり，試したり，工夫したり，表現したりする <u>「思考力，判断力，表現力等の基礎」</u>
> (3) 心情，意欲，態度が育つ中で，よりよい生活を営もうとする <u>「学びに向かう力，人間性等」</u>

　2017年の改訂では，幼児教育と小学校以上の学校教育で共通する力の育成をすることになりました。それが，表5-1に示した3つの「幼児期において育みたい資質・能力」です。この3つの資質・能力は，高校まで一貫して育まれるものであり，幼児教育ではその基礎を育てていこうとしています。

　また，3つの資質・能力は，個別に育まれるわけでなく，遊びの中で一体的に育まれるものです。このことについて，子どもの砂場での遊びを例に考えてみましょう。

　砂で山を作ろうとしている子どもたちがいます。そこで，水を使えば山が崩れにくいことに気づき（「知識及び技能の基礎」），実践してみます。そうすると，自分たちがイメージしていた大きな山を作ることができました（「思考力，判断力，表現力等の基礎」）。そして，周りの友達にも教え，一緒に川や橋なども作りたいと考え（「学びに向かう力，人間性等」），遊びが広がっていきました。

　このように幼児教育は，小学校以上の学校教育と共通する力（資質・能力）の育成をすることになったものの，あらかじめねらいと内容を整理して提示し，それを確実に行うことが教育の充実である小学校以上の教育とは異なります。幼児教育では，遊びの中で一体的に育っている資質・能力を保育者が見いだすことが求められます。そして，見いだされた育ちをより豊かにするような環境をつくり出すことや援助を行うことが，教育の充実であるということができます。

　続いて，以下の事例を読み，より具体的に考えていきましょう。これは，幼稚園で初めて実習を行った大学1年生の観察記録です。

【事例：コマ回し】

　4歳のRちゃんとYちゃんが，廊下でコマ回しをしていました。Yちゃんは，コマに紐を巻きつけ，なんとかコマを回そうと一生懸命になっていました。一方のRちゃんは，うまくコマに紐を巻きつけることができません。Rちゃんが紐を巻きつけることに必死になってい

る中，Yちゃんの投げたコマが，逆さまではあるものの，回り出しました。するとYちゃんは，「回った」と目を輝かせて大喜びです。それを見ていたRちゃんは，少し落ち込んでいたように見えました。私（実習生）がRちゃんを励まそうと思ったその時，「私も手伝うから一緒にがんばろう」とYちゃんがRちゃんに声をかけ，Rちゃんも「うん」と嬉しそうに返事をしていました。私は，RちゃんはYちゃんを「羨ましい」という気持ちで見ていると思い込んでいましたが，もしかしたら「Yちゃんはどうしてできるんだろう。回し方を教えてほしい」という気持ちだったのかもしれません。このことから，保育者が直接援助することも大切ですが，子どもたち同士で助け合うことも大切だと気づきました。もし私が声をかけていたら，RちゃんがYちゃんに教わる機会（YちゃんがRちゃんに教える機会）を失っていたかもしれないし，せっかくのYちゃんのRちゃんに対する思いやりの気持ちを邪魔することになっていたかもしれません。

　この事例を，3つの資質・能力の視点でとらえてみましょう。YちゃんもRちゃんも，コマに紐を巻きつけ，どうしたらうまく巻くことができるのか，試行錯誤しながら気づいていく姿がみられます。これは，「知識及び技能の基礎」の育ちととらえることができるのではないでしょうか。また，Yちゃんは，紐をうまく巻きつけるやり方に気づき，そこからコマを回すことに成功しました。これは，できるようになった（紐を巻きつけられるようになった）ことを使い，次の行動を試してみたりする「思考力，判断力，表現力等の基礎」の育ちととらえることができます。さらに，少し落ち込んでしまったRちゃんに対し，Yちゃんが「私も手伝うから一緒にがんばろう」と声をかける様子は，友達と目的を共有しながら課題（この場合はコマをうまく回すこと）を追求する姿であり，「学びに向かう力，人間性等」の育ちととらえることができるのではないでしょうか。

　このように，遊びの中で一体的に育っている子どもの資質・能力を見いだすことが重要です。この実習生が気づいたように，保育者が子どもの内に育っている資質・能力を見いだすことをせず，ただ声をかけていたとしたら，RちゃんがYちゃんに教わる機会（YちゃんがRちゃんに教える機会）やYちゃんのRちゃんに対する思いやりの気持ち，つまり，「学びに向かう力，人間性等」の育ちを阻んでしまったかもしれません。子どもの育ちを3つの資質・能力の視点でとらえていくこと，そのとらえた育ちをより豊かにするために必要な援助がどのようなものかを考えることが，保育者に求められています。

② 幼児期の終わりまでに育ってほしい姿

　「幼稚園教育要領」「保育所保育指針」「幼保連携型認定こども園教育・保育要領」では，共通して以下のように述べられています。ここでも「幼稚園教育要領」から引用しましょう。

表 5-2　幼児期の終わりまでに育ってほしい姿（下線は筆者）

次に示す「幼児期の終わりまでに育ってほしい姿」は，第 2 章に示すねらい及び内容に基づく活動全体を通して資質・能力が育まれている幼児の幼稚園修了時の具体的な姿であり，教師が指導を行う際に考慮するものである。

(1) <u>健康な心と体</u>
　幼稚園生活の中で，充実感をもって自分のやりたいことに向かって心と体を十分に働かせ，見通しをもって行動し，自ら健康で安全な生活をつくり出すようになる。

(2) <u>自立心</u>
　身近な環境に主体的に関わり様々な活動を楽しむ中で，しなければならないことを自覚し，自分の力で行うために考えたり，工夫したりしながら，諦めずにやり遂げることで達成感を味わい，自信をもって行動するようになる。

(3) <u>協同性</u>
　友達と関わる中で，互いの思いや考えなどを共有し，共通の目的の実現に向けて，考えたり，工夫したり，協力したりし，充実感をもってやり遂げるようになる。

(4) <u>道徳性・規範意識の芽生え</u>
　友達と様々な体験を重ねる中で，してよいことや悪いことが分かり，自分の行動を振り返ったり，友達の気持ちに共感したりし，相手の立場に立って行動するようになる。また，きまりを守る必要性が分かり，自分の気持ちを調整し，友達と折り合いを付けながら，きまりをつくったり，守ったりするようになる。

(5) <u>社会生活との関わり</u>
　家族を大切にしようとする気持ちをもつとともに，地域の身近な人と触れ合う中で，人との様々な関わり方に気付き，相手の気持ちを考えて関わり，自分が役に立つ喜びを感じ，地域に親しみを持つようになる。また，幼稚園内外の様々な環境に関わる中で，遊びや生活に必要な情報を取り入れ，情報に基づき判断したり，情報を伝え合ったり，活用したりするなど，情報を役立てながら活動するようになるとともに，公共の施設を大切に利用するなどして，社会とのつながりを意識するようになる。

(6) <u>思考力の芽生え</u>
　身近な事象に積極的に関わる中で，物の性質や仕組みなどを感じ取ったり，気付いたりし，考えたり，予想したり，工夫したりするなど，多様な関わりを楽しむようになる。また，友達の様々な考えに触れる中で，自分と異なる考えがあることに気付き，自ら判断したり，考え直したりするなど，新しい考えを生み出す喜びを味わいながら，自分の考えをよりよいものにするようになる。

(7) <u>自然との関わり・生命尊重</u>
　自然に触れて感動する体験を通して，自然の変化などを感じ取り，好奇心や探究心をもって考え言葉などで表現しながら，身近な事象への関心が高まるとともに，自然への愛情や畏敬の念をもつようになる。また，身近な動植物に心を動かされる中で，生命の不思議さや尊さに気付き，身近な動植物への接し方を考え，命あるものとしていたわり，大切にする気持ちを持って関わるようになる。

(8) <u>数量や図形，標識や文字などへの関心・感覚</u>
　遊びや生活の中で，数量や図形，標識や文字などに親しむ体験を重ねたり，標識や文字の役割に気付いたりし，自らの必要感に基づきこれらを活用し，興味や関心，感覚をもつようになる。

(9) <u>言葉による伝え合い</u>
　先生や友達と心を通わせる中で，絵本や物語などに親しみながら，豊かな言葉や表現を身に付け，経験したことや考えたことなどを言葉で伝えたり，相手の話を注意して聞いたりし，言葉による伝え合いを楽しむようになる。

> (10) 豊かな感性と表現
>   心を動かす出来事などに触れ感性を働かせる中で，様々な素材の特徴や表現の仕方などに気付き，感じたことや考えたことを自分で表現したり，友達同士で表現する過程を楽しんだりし，表現する喜びを味わい，意欲をもつようになる。

　2017年の改訂では，幼児教育が最終的に向かっていく方向として「幼児期の終わりまでに育ってほしい姿（10の姿）」が示されました。この10の姿は，表5-2の冒頭で述べられているように，幼稚園（保育所・認定こども園）の活動全体を通して資質・能力が育まれている子どもの幼稚園（保育所・認定こども園）修了時の具体的な姿であり，保育者が指導を行う際に考慮するものです。また，10の姿は，あくまでも方向目標であり，5歳児修了時に完全にできるように育てなくてはいけないという到達目標ではありません。

　つまり保育者には，遊びの中で子どもが育つ姿を10の姿を念頭に置いてとらえ，一人ひとりの育ちに必要な体験が得られるような環境を整えたり，援助を行ったりすることが求められています。

　では，子どもの遊びや生活の中に潜んでいる10の姿について，事例を挙げながら考えていきましょう。

【事例：年長児のダンスに憧れる】

　年中児のAちゃんとSちゃんは，園庭からダンスの音楽が聴こえると，「ダンスが始まったよ」と一目散に年長児がダンスをする様子を見に向かいます。このところ年長クラスでは，表現の発表会へ向け，自分たちで考えたダンスを楽しそうに踊っていました。AちゃんとSちゃんは，年長児が踊っているそばで目をキラキラさせながら「すごいね」「かっこいいね」などと話しています。また，年長児のダンスを真似して同じポーズを取ろうと体を動かし始めました。「こうかな」「こうじゃないね」「こうやって手を挙げるんだよ」と，見よう見まねでやってみます。踊り終えると，満足した様子で「先生，できたよ」と担任の保育者に見せに行きました。

　みなさんは，上記の事例から子どものどのような姿を読み取りましたか。遊びの中で子どもたちに何が育っているのかを，10の姿を念頭に置いてとらえてみましょう。

　「ダンスが始まったよ」と一目散に駆け出して行く姿は，自分のやりたいことに向かって心と体を働かせている姿であり，「健康な心と体」が育っているといえるでしょう。また，目をキラキラさせながら年長児の真似をして体を動かす姿は，心を動かす出来事に触れて感じたことを表現する姿であり，「豊かな感性と表現」が育っているといえるでしょう。さらに，「こ

うかな」「こうやって手を挙げるんだよ」などと友達と会話をしながら試行錯誤する姿は, 友達と一緒に考えたり工夫したりする姿であり,「協同性」が育っているといえるのではないでしょうか。

このように, 子どもの遊びや生活を見ていくと, いくつもの姿が重なり合って現れてきます。10の姿は, 遊びや生活の中で子どもたちに何が育っているのかを分析する際の視点となり, その後の育ちにどのような体験が必要かを考える際にも大事な視点となるのです。

上記の事例からは3つの姿をとらえることができましたが, 他にも違うとらえ方があるかもしれません。また, みなさんが実習で出会った子どもたちの事例の中にも多くの姿が見られるはずです。繰り返しになりますが, 保育者には, 遊びの中で子どもが育つ姿を10の姿を念頭に置いてとらえ, 一人ひとりの育ちに必要な体験が得られるような環境を整えたり, 援助を行ったりすることが求められていますので, まずはみなさん自身が出会った事例から考えてみてください。

③ 主体的・対話的で深い学び

「幼稚園教育要領　第1章」「幼保連携型認定こども園教育・保育要領 第1章」において, 共通して以下のように述べられています。また「幼稚園教育要領」から引用しましょう。

表5-3　主体的・対話的で深い学び (下線は筆者)

幼児が様々な人やものとの関わりを通して, 多様な体験をし, 心身の調和のとれた発達を促すようにしていくこと。その際, 幼児の発達に即して主体的・対話的で深い学びが実現するようにするとともに, 心を動かされる体験が次の活動を生み出すことを考慮し, 一つ一つの体験が相互に結び付き, 幼稚園生活が充実するようにすること。

表5-3に示したように, ここで述べられているのは, 幼児教育において「どのように学ぶか」ということです。なお,「保育所保育指針」にはこのような記述はありません。しかし, 幼児教育において重要なものである「遊び」は, まさに「主体的・対話的で深い学び」であるということができます。そういった意味では, 保育所でも主体的・対話的で深い学びは必要不可欠なものであり, これまでにも行われてきたことでしょう。

では, 主体的な学び, 対話的な学び, 深い学びが実現するために, 保育者は何をすればよいのでしょうか。①で示した砂場遊びの例から考えてみましょう。

砂で山を作ろうとしている子どもたちがいます。砂の感触を確かめたい, 山を作ってみたい, 穴を掘ってみたいという自分の思いやイメージを持って遊ぶ姿は,「主体的な学び」ということができるでしょう。そして, 水を使えば山が崩れにくいことに気づいたり, 水が砂に染み込むことを知るという素材への関心や気づきが生まれている姿は,「深い学び」ということ

ができます。さらに，山が完成した後，周りの友達にもどうしたら大きな山を作ることができるのかを教えたり，一緒に川や橋なども作ろうというやりとりをしている姿は，「対話的な学び」といえるでしょう。

　保育者はまず，このような子どもの姿を見いだすことが大切です。主体的・対話的で深い学びは時間がかかるものですので，焦らず，子どもに寄り添い見守ることが重要でしょう。そしてやはり，①②でも述べたように，見いだされた子どもの姿から，より豊かな学びが得られるような環境を整え，援助を行うことが求められます。

　続いて，以下の事例にみられる子どもの姿を，「主体的な学び」「対話的な学び」「深い学び」の視点でとらえてみましょう。

【事例：お花のジュース】

　3歳のCちゃんとMちゃん，Kちゃんは，お花のジュースを作ろうと，水の入ったビニール袋におしろい花を摘んで入れています。CちゃんとMちゃんは，花の入った袋を揉みつぶし，ジュースがピンク色になってきました。しかし，Kちゃんのジュースは透明なままです。Kちゃんは，袋の中の花を揉みつぶすのではなく，水の部分を揉んでいるので，いっこうに色水にはなりません。Kちゃんは，2人のジュースの色を見て，なぜ自分のだけ色がつかないのか不思議に思ったのでしょう，保育者にこう伝えました。「Kちゃんのジュース，ピンク色にならないの」。保育者は，「本当だね。どうしてだろうね」と問いかけます。するとKちゃんは2人の袋をじっと眺め，「種が入っていないからかな」とつぶやき，おしろい花の種を袋に入れます。しかし，ジュースはピンク色になりません。すると今度は，「お花が少ないのかな」とたくさんのおしろい花を摘んで袋に入れます。それでもジュースはピンク色になりません。Kちゃんはだんだんと泣きそうな顔になりましたが，そのとき，Cちゃんが手を動かす様子をKちゃんに向かって見せてくれました。その様子を見たKちゃんが袋の中の花の部分を揉み始めると，袋の中の水が少しずつピンク色になりました。Kちゃんは嬉しそうに，「先生，お花のジュースできたよ」と保育者にジュースを見せます。保育者が「本当だ。きれいな色になったね」と言うと，「お花をね，もみもみするとピンクになるんだよ」と自慢げに話します。「すごいね。よく気づいたね」と保育者が言うと，「あのね，Cちゃんがお花をぐしゅぐしゅってしたらピンクになってたの」と大発見をしたように目をキラキラさせて教えてくれました。

　上記の事例からは，Kちゃんが遊びの中でさまざまなことを考え，工夫をし，何度も繰り返して試す姿が見られます。まず，お花のジュースを作ろうとし，おしろい花を使ってピンク色

のジュースを作ってみたいという「主体的な学び」があるでしょう。また、友達の様子を観察し、種を入れたほうがいいのか、花の量が少ないのかなどと考えを巡らし、花を揉むと色が出てくるという気づきに至る過程は、「深い学び」といえるでしょう。さらに、友達と言葉で会話はしていないものの、Cちゃんが行動で示してくれたことによりKちゃんの気づきが生まれたという点では、「対話的な学び」といえるのではないでしょうか。

このように、子どもの活動する姿を「主体的な学び」「対話的な学び」「深い学び」の視点でとらえていくことは、次節で扱う「環境を通して行う教育（保育）」を保育者がいかに行っていくか、という保育の過程を充実させることにつながり、とても重要な意味をもちます。

2.「幼稚園教育要領」「保育所保育指針」「幼保連携型認定こども園教育・保育要領」と教育・保育の方法

1節では、3つの要領・指針改訂のポイントを確認し、幼児教育において大切にすべきことは何かについて述べましたが、ここでは、3つの要領・指針がどのような教育・保育方法を求めているのかについて考えていきましょう。

(1) 教育・保育の基本とは

教育及び保育の基本について、「幼稚園教育要領」の冒頭では、以下のように述べられています。

表5-4　幼稚園教育の基本（下線は筆者）

幼児期の教育は、生涯にわたる人格形成の基礎を培う重要なものであり、幼稚園教育は、学校教育法に規定する目的及び目標を達成するため、幼児期の特性を踏まえ、<u>環境を通して</u>行うものであることを基本とする。

また、「幼保連携型認定こども園教育・保育要領　第1章」においても、同様の記述があります。

表5-5　幼保連携型認定こども園における教育及び保育の基本（下線は筆者）

乳幼児期の教育及び保育は、子どもの健全な心身の発達を図りつつ生涯にわたる人格形成の基礎を培う重要なものであり、幼保連携型認定こども園における教育及び保育は、就学前の子どもに関する教育、保育等の総合的な提供の推進に関する法律（「認定こども園法」）第2条第7項に規定する目的及び第9条に掲げる目標を達成するため、乳幼児期全体を通して、その特性及び保護者や地域の実態を踏まえ、<u>環境を通して行う</u>ものであることを基本とし、家庭や地域での生活を含めた園児の生活全体が豊かなものとなるように努めなければならない。

表5-4，表5-5のように、「幼稚園教育要領」「幼保連携型認定こども園教育・保育要領」は、教育及び保育の基本として「環境を通して行う教育（保育）」を掲げています。

では、「保育所保育指針」ではどうでしょうか。「保育所保育指針 第1章1（1）イ」の記述をみていきましょう。

表5-6　保育所の役割（下線は筆者）

保育所は、その目的を達成するために、保育に関する専門性を有する職員が、家庭との緊密な連携の下に、子どもの状況や発達過程を踏まえ、保育所における<u>環境を通して</u>、養護及び教育を一体的に行うことを特性としている。

ここでも、「環境を通して」ということが述べられており、幼児教育の基本は「環境を通して行う教育（保育）」であることがわかります。

それでは、幼児教育の基本となる、環境を通して行う教育（保育）とはどのようなものなのでしょうか。詳しくは第8章で学びますが、ここでは、3つの要領・指針の中で述べられていることから考えてみましょう。

まず、「幼稚園教育要領」には、「…幼児が身近な環境に主体的に関わり、環境との関わり方や意味に気付き、これらを取り込もうとして、試行錯誤したり、考えたりするようになる…」（第1章 第1）とあります。また、「保育所保育指針」には、保育の目標を達成するために保育者が留意する事項として「子どもが自発的・意欲的に関われるような環境を構成し、子どもの主体的な活動や子ども相互の関わりを大切にすること…」（第1章1（3）オ）という項目があります。また、保育の環境を計画的に構成する際の留意事項の中にも、「子ども自らが環境に関わり、自発的に活動し、様々な経験を積んでいくことができるよう配慮すること」（第1章1（4）ア）という項目があります。

これらをみてみると、「幼児が身近な環境に主体的に関わり」「子どもが自発的・意欲的に関われるような」「子ども自らが環境に関わり、自発的に活動し」などといった、同じようなことを指している表現があります。つまり、環境を通して行う教育（保育）では、子どもが自発的・意欲的に環境に関わっていくことを大切にしているということが見えてきます。園内の環境に子どもたちが自発的に意欲をもって関わり、具体的な活動を展開していくことを通して子どもたちの成長をはかるということが、環境を通して行う教育（保育）の考え方ということです。保育者側が先に指示をしていくのではなく、子どもが自ら環境に関わり、試行錯誤して自分で気づいていくことを大切にしているといえるでしょう。

小学校以上の教育とは違い、幼児教育では、園生活全体を通してすべての環境が子どもに

とっての教材になります。保育者には，子どもが身の回りの環境に主体的に関わることができるよう，また，子どもの育ちがより豊かで確かなものとなるよう，子ども理解に基づいて計画的に環境を構成していくことが求められるのです。

(2) 教育・保育の方法とは

前項では，幼児教育の基本は「環境を通して行う」ものであることがわかりました。次に，これを実践するにあたり，「幼稚園教育要領 第1章 第1」では，以下の3点を重視して教育・保育を進めることを求めています。

表5-7　幼稚園教育の基本（下線は筆者）

1　幼児は安定した情緒の下で自己を十分に発揮することにより発達に必要な体験を得ていくものであることを考慮して，幼児の主体的な活動を促し，<u>幼児期にふさわしい生活</u>が展開されるようにすること。
2　幼児の自発的な活動としての遊びは，心身の調和のとれた発達の基礎を培う重要な学習であることを考慮して，<u>遊びを通しての指導</u>を中心として第2章に示すねらいが総合的に達成されるようにすること。
3　幼児の発達は，心身の諸側面が相互に関連し合い，多様な経過をたどって成し遂げられていくものであること，また，幼児の生活経験がそれぞれ異なることなどを考慮して，<u>幼児一人一人の特性に応じ，発達の課題に即した指導</u>を行うようにすること。|

「幼保連携型認定こども園教育・保育要領 第1章 第1　1」においても同様の記述があります。また，「保育所保育指針 第1章1 (3)」では，以下のように述べられています。

表5-8　保育の方法（下線は筆者）

イ　子どもの生活のリズムを大切にし，<u>健康，安全で情緒の安定した生活ができる環境や，自己を十分に発揮できる環境を整える</u>こと。
ウ　子どもの発達について理解し，<u>一人一人の発達過程に応じて保育すること。その際，子どもの個人差に十分配慮する</u>こと。
オ　子どもが自発的・意欲的に関われるような環境を構成し，子どもの主体的な活動や子ども相互の関わりを大切にすること。特に，<u>乳幼児期にふさわしい体験</u>が得られるように，<u>生活や遊びを通して総合的に保育する</u>こと。|

「幼稚園教育要領」「幼保連携型認定こども園教育・保育要領」とは多少表現は異なりますが，教育・保育を進める際に重視することは同様で，次のように要約することができるでしょう。

- 乳幼児期にふさわしい生活を展開すること
- 遊びを通しての総合的な指導を行うこと
- 子ども一人ひとりの発達の特性や個性に応じた指導を行うこと

「環境を通して行う教育（保育）」を基本として，以上3点を教育・保育の方法の中核に据えることが求められています。乳幼児期にふさわしい生活とは，一体どのような生活のことをいうのでしょうか。遊びを通しての総合的な指導とは，どのように行えばよいのでしょうか。また，子どもの発達の特性や個性に応じた指導とは，どのようなものなのでしょうか。それぞれについては，次章以降で詳しく学んでいきましょう。

保育者には，小学校以上の教科による教育とは異なる幼児教育の特性を踏まえ，常に目の前の子ども一人ひとりにとっての最適な方法を見つけていくことが求められます。子どもと生活を共にする中で，「幼稚園教育要領」「保育所保育指針」「認定こども園教育・保育要領」が求めている教育及び保育の基本と方法を基に考えながら，日々の保育を展開していくことが大切です。

引用・参考文献

厚生労働省「保育所保育指針」2017年
厚生労働省「保育所保育指針解説」2018年
内閣府「幼保連携型認定こども園教育・保育要領」2017年
内閣府「幼保連携型認定こども園教育・保育要領解説」2018年
文部科学省「幼稚園教育要領」2017年
文部科学省「幼稚園教育要領解説」2018年

カフェタイム（コラム）②

「遊び」の大切さを理解できる保育者に

　幼児教育において「遊び」は重要な教育活動です。幼児の教育は遊びを中心に展開され，遊びの中で子どもは5領域に関わる様々なことを学び，保育者はその学びを支える役割を担います。

　しかし，実際には子どもと共に存分に遊ぶことは難しいことでもあります。保育者自身が「遊び」を十分に経験していないと，子どもから充実した「遊び」を引き出すことは困難ですし，子どもと楽しさを共有して遊ぶことができません。子どもの姿から遊びを引き出すことが難しい場合，目の前の子どもの姿を無視して，つい保育雑誌やインターネットで得た遊びを子どもにさせてしまうことがあるかもしれません。そして自分がイメージしたとおりに子どもが動いてくれることを「良い保育ができた」と錯覚する保育者になってしまいかねません。保育者からの押し付けの遊びが繰り返されることで，子どもは本当に自分がしたい遊びがあっても，「これをしてもいいのかな」「これをしたら先生にしかられるかな」と不安になり，保育者の指示がなければ動けない子どもに育ってしまいます。

　子どもは「遊び」の中で，様々なことに挑戦しようとしたり，より面白いものを求めて試行錯誤したり，友だちとの気持ちのぶつかり合いを経験し，他者を思いやる等，様々なことを経験します。

しかし，子どもの遊びをただ単に見守るだけではいけません。子どもの姿から，遊びの発展を支えたり，時にはアイディアを提供したり，子どもに身につけてもらいたい態度を遊びを通して伝える等，保育者は総合的に子どもの育ちを支援していかなければなりません。

　子どもが遊びから色々なものを吸収する過程を共に楽しみ，共に考え，共に涙しながら，子どもに寄り添った温かい保育ができる保育者を目指しましょう。

第6章
子どもの発達と特性を知る

☞ 本章では，子どもの指導・支援を考える際の基礎的知識として必要である，子どもの発達やその特性について理解することをねらいとします。具体的には，発達の概念や質的・量的な変化などを通して，発達とは何かということを考えます。そのうえで，標準的な子どもの発達段階や発達の特徴，発達に関する理論について学びます。最後に，特別な支援を必要とする子どもの発達，特に障害があると診断されている子どもの発達の特徴や特性について理解を図ります。☜

 1. 発達とは何か

　子どもは日々目まぐるしい速さで成長・発達しています。その子どもたちの指導・支援を考えるにあたり，発達全体について理解しておく必要があります。では，発達とは何でしょうか。まずは，発達ということについて理解しましょう。

(1) 発達の概念

　発達という言葉から，どのようなことを想像しますか。できなかったことができるようになったり，大きくなったり，上手になったりといった変化を思い浮かべる人が多いことでしょう。

　人間の心身や行動は，生まれてから死ぬまでの間，一生涯を通じて，生理的，身体的，精神的に絶えることなく変化し続けます。この変化のことを「発達」といいます。未熟な赤ちゃんが大人になるまでの上昇的な変化だけではなく，成人後から加齢に伴って，できていたことができなくなったり，時間がかかるようになったりするなどの変化も発達なのです。

(2) 発達の量的変化と質的変化

　発達には量的な変化と質的な変化があります。
　測定可能な変化を量的変化といいます。たとえば，図6-1のような赤ちゃんの身長や体重

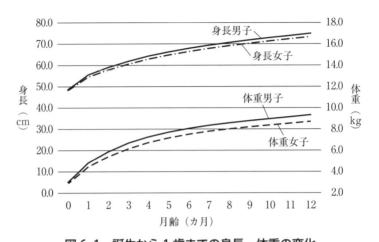

図 6-1　誕生から1歳までの身長・体重の変化
(出所)厚生労働省「平成22年乳幼児身体発育調査」のデータをもとに筆者作成

の変化がそれにあたります。生まれたばかりの赤ちゃんは身長が50cm前後、体重は3kg前後くらいです。1年後には、身長は75cm前後、体重は9kg前後になっています。

　数字で表すことがむずかしい変化を質的変化といいます。たとえば、寝ていただけの赤ちゃんが、数カ月後には寝返りをし、ハイハイをするようになります。空腹や不快を泣いて知らせるだけだった赤ちゃんが、やがて「まんま」と言うようになります。前者は動きの質的な変化、後者はコミュニケーションの質的変化です。

　また、小さい頃の子どもは頭部と身体のバランスが変化します。それにともなって、座位、つたい歩き、ひとり歩きができるようになり、運動機能も発達していくのです。このように発達における量的変化と質的変化は切り離して考えることはできないのです。

(3) 発達の順序性と方向性

　発達は無秩序に進むわけではなく、誰にでも認められる、一定の順序性と方向性があります。

　たとえば、赤ちゃんがひとりで歩けるようになるまでには、次のような順序性があります。
　　頭を持ち上げる　⇒　首が据わる　⇒　寝返りが打てる　⇒　一人で座れる／ハイハイができる⇒　つかまり立ちができる　⇒　ひとりで歩く

　また、人間の身体各部は、「頭部から尾部、脚部の方向に向かって発達する」(頭をまっすぐに保てるようになる⇒首がしっかりする⇒腰や脚が発達して、立ったり、歩いたりできるようになる)、「中心部から周辺部(末梢部)に向かって発達する」というように、一定の方向性で発達していきます。

(4) 遺伝的要因と環境的要因

 発達を促進するものとして，遺伝的要因，つまり親から受け継いだ遺伝情報と後天的な環境的要因とがあります。遺伝的要因として，身長や体重などの体格や容姿，アレルギーなどの体質や気質がこの影響を受けやすいとされています。

 環境的な要因は，子どもを取り囲むすべてのものです。特に子どもの成長に影響を及ぼすものとして，経済的状況，両親との関係などの家庭的要因が重要とされています。たとえば同じ能力や体格の遺伝的要因をもっていたとします。恵まれた環境で育てば，その子どもの能力や体格は十分に発達させることができます。しかし，恵まれていない環境では，能力や体格を十分に発達させることがむずかしい場合があります。

2. 子どもの標準の発達

 多くの子どもたちがたどる発達を，標準の発達，または定型の発達といいます。しかし，子どもは一人ひとり得意なこと，苦手なことが異なります。それは発達にも影響します。つまり同じ年齢の子どもが一直線で，同じ速さで階段を上って行くように発達するわけではありません。そのような子どもの成長・発達を支えるためには，標準的な発達の特徴を理解しておくことが必要です。

(1) 発達の段階

 子どもは日々，少しずつ，ゆるやかに変化します。それは連続的で，途切れることはありません。これを大きな時間軸の中でみると，質的にまとまりのある時間，段階をもっています。このようなまとまりを，発達段階といいます。発達段階は，発達の過程をさまざまな観点から区分できます。一般的な発達段階として，次のような区分が使われています。

 胎 児 期 ：受精から出生までの約 280 日の期間
 新 生 児 期 ：出生〜1 カ月
 乳 児 期 ：1 カ月〜1 歳前後
 幼 児 期 ：1 歳前後〜小学校入学までの期間
 児 童 期 ：小学校入学後〜小学校卒業までの期間
 青 年 期 ：中学校入学〜22 歳前後
 成 人 期 ：22 歳前後〜60 歳前後
 老 年 期 ：60 歳前後以降

(2) 子どもの標準の発達の特徴

前述の発達段階の区分に従って，新生児期から青年期までの一般的な子どもの発達の特徴を簡単に述べます。

① 新生児期：出生～1カ月

子宮内環境から子宮外環境への適応が大きな課題であり，生きるために自発呼吸，保温，養分の摂取などの機能を整えることが必要とされます。反射（原始反射）もみられる時期です。色のついたものを追視したり，音に対して反応したりすることなど，生後直後から視覚や聴覚の機能が働いていることも明らかになっています。この能力を活用して，新生児聴覚スクリーニング検査も実際されるようになり，聞こえの障害の早期発見にもつながっています。その他にも，新生児にはさまざまな能力があることが近年の諸研究から明らかとなってきています。

② 乳児期：1カ月～1歳前後

身体の発達がとても速い時期です。体重の変化をみてみましょう（図6-1）。生まれた時の体重は3kg前後だったのが，生後3カ月には約2倍，1歳になると3倍になっています。運動機能も高まります。腹臥位の状態から，頭を持ち上げ（3カ月），寝返りをし（6カ月），ハイハイをするようになり（8カ月），つかまって立ち上がり（10カ月），2～3歩，歩くことができるようになり（12カ月），外の世界に能動的な活動が活発になります。心の発達も大きく変化します。視野に入る人すべてに返していた微笑が（3カ月スマイル），知らない人は警戒し，安心できる人には自分から近寄って笑いかけ，相手によって表情や行動を変えるようになります。これは人見知り（8カ月不安）と呼ばれ，特定の人との情緒的な絆，つまり愛着が形成されたことを意味することであるとされています。

③ 幼児期：1歳前後～小学校入学までの期間

身長や体重などの伸びは緩やかになりますが，心臓や肺は大人と同じように機能しはじめ，聴覚・視覚も成長したりなど，さまざまな身体の変化は起きています。そして，乳児期に形成された歩行運動や対象の操作は巧緻化し，排泄，着替え，食事なども含めた運動能力が高まります。これにより，活動範囲が広がり，環境との相互作用が活発になります。たとえば，草木，動物など，自分が興味をもったものへの探索行動を積極的にするようになります。運動機能の発達は，行動だけではなく，認知機能や社会的な活動にも影響を与えます。また，自分の身体が環境との間で調整できるようになると，「独立心」「自我」が芽生えてきます。自立の第1歩であり，2～3歳頃の第1次反抗期へとつながります。言葉の発達も，喃語を経て，徐々に使用する単語が増え，自分の意思や気持ちが伝えられるようになります。そして，幼児期後半には大人と日常会話が楽しめたり，言葉で自分の行動をコントロールしたりする

ことができるようになります。

④ 児童期：小学校入学後〜小学校卒業までの期間

　教育を受けて，読む，書く，計算するという，生活する上で必要とする基礎的な学習が進む時期です。また，同年代の仲間を中心とした横の関係を特徴として，集団を作って活動するようになり，その集団行動の中で社会性が発達します。子どもたちの社会性を示す例として，ギャング集団といわれるものがあります。これらの活動から規範を修得し，さらに，社会の中での役割や責任感を身につけながら，社会集団の一員としての自己を形成させていきます。

⑤ 青年期：中学校入学〜22歳前後

　身体面では著しい成熟がみられ，運動機能も急速に発達し，第二次性徴が現れる時期です。これまでは大人によってコントロールされていた自分に疑問を持つようになり，本当の自分とは何か，葛藤をくり返すようになります。「第2の誕生」や「疾風怒涛の時代」などとよばれています。そして，乳幼児期から児童期を通して形成されてきたさまざまなスキルを駆使して，社会の一員になろうとしている時期でもあります。言語発達は社会的な相互作用の中で，その重要な役割として機能しています。相手の気持ちを表情や行動で読み取ったり，表出したりする非言語的コミュニケーションもより巧緻化が図られていきます。このように，乳幼児期にどのような環境で支えられながら育てられたか，その後の発達に生涯を通じて影響するのです。

(3) 子どもの発達を理解するための理論

　これまで述べてきた標準の発達の特徴以外にも，いろいろな視点から子どもの発達が理論的枠組みによって論じられてきています。ここでは，その代表的な3人の理論を紹介します。

① ピアジェの認知発達理論

　子どもの観察・研究を通して認知発達理論を提唱しました。生後の反射から始まり，理論的な構造をもつ高次の思考形態へと変化するまでの認知機能の発達過程を次のように分類しています。

　　感覚運動的段階　：0〜2歳頃
　　前操作的段階　　：2〜7歳頃
　　具体的操作段階　：7〜11・12歳頃
　　形式的操作段階　：11〜15・16歳頃

② エリクソンのライフサイクル理論

　生涯を通じてライフサイクルには8つの発達段階があり，それぞれに特有の課題があり，

それを解決して次の段階に進むことを示しています。そして，課題にうまく対処できない場合には，問題が後まで残る傾向があると考えられています。それぞれの発達段階には，心理社会的危機，重要な対人関係，心理社会的様式も設定されています。

③ ハヴィガーストの発達課題

個人が健全な発達を遂げるために発達の各時期に果たさなければならない課題があるとしています。そしてその発達課題は，歩行の学習のような身体的成熟，読みの学習や社会的参加からの文化的圧力，職業選択や準備・人生観の形成といった個人的な価値から生ずるものに起因するとしています。そして具体的には，その発達課題を，表6-1のように示しています。

表6-1 ハヴィガーストの発達段階と課題

老年期	・肉体的な力の衰退に適応する ・退職又は引退と収入の減少に適応する ・配偶者の死に適応する　　　など
中年期	・大人としての市民社会的責任を達成する ・一定の経済的生活水準を確立し，維持する ・中年期の生理的変化を理解し，これに適応する　　など
壮年期	・配偶者を選択する ・結婚相手との生活を学習する ・子どもをもうけ，育てる　　など
青年期	・自己の身体構造を理解し，男性又は女性としての役割を理解する ・情緒的な独立を果たし，経済的な独立の目安を立てる ・職業選択，結婚，家庭生活の準備をする　　など
児童期	・日常的な遊びに必要な身体的技能を学習する ・読み，書き，計算の基礎的技能を発達させる ・同年齢の友だちと仲よくすることができるようになる　　など
乳幼児期	・歩行，固形物を食べること，話すこと，排せつ習慣などを学習する ・正，不正の区別を学習し，良心を発達させる ・他者と自己の情緒的な結びつきを学習する

（出所）ハヴィガースト，R.J.，荘司雅子監訳『人間の発達課題と教育』玉川大学出版部，1995年，pp.30-165を改変

3. 特別な支援を必要とする子どもの発達

子どもは，各発達段階の中でさまざまなことを身につけて成長しますが，発達の速さには個人差があります。認知や言語，運動，社会性などの発達に，標準の発達の範囲を超えた遅れや偏りがみられる場合もあります。このような子どもには，障害の診断がついている子どもだけでなく，診断がついていない子どもも含まれ，特別な支援が必要とされます。ここでは，

特別な支援を必要とする子どもの中でも，特に障害の診断がついている子どもの発達について述べます。

(1) 特別な支援を必要とする子どもの発達の特徴

特別な支援を必要とする子どもは，標準の発達の子どもに比べて，発達のスピードは遅くなります。障害や困難さの特性が影響する能力については，年齢が上がるにともない発達の遅れや偏りが目立ってくる傾向があります。たとえば，四肢に運動機能障害のある肢体不自由児の場合，身体の成長発達にともない，運動領域の能力の遅れがはっきりとあらわれるようになります。また，知的機能に遅れがある子どもの場合，学習やコミュニケーション能力等に関係する力の差が，標準の発達の子どもたちに比べて顕著になります。視覚に障害がある場合には，空間認知領域に困難さがあり，それを補完する他の方法で空間を認知することが必要になります。そのほとんどが，遅れた能力が，標準に発達している子どもたちと同じ水準に達することはむずかしいとされています。

一方，同じ年齢の子どもと同じように発達する能力もあります。四肢に運動機能の障害があっても，文字を読んだり計算したりすることは可能です。文字を読むという特定な学習能力に困難さがある学習障害であっても，その他の能力は全く問題ないこともあります。発達が遅れていない能力や得意なことに目を向けることが大切です。

(2) 特別な支援を必要とする子どもの障害の特性

標準の発達と異なることは悪いことではありません。しかし，違いについて正しい知識を理解していないと，歩くのが遅い，身体が小さい，など発達の仕方が異なる子どもに対して，どのように関わったらよいか戸惑うことがあります。子どもの指導・支援に関わる場合，発達の違いについて，そして特別な支援を必要とする子どもについて理解しておく必要があります。ここでは，代表的な障害の特性について述べます。

① 肢体不自由

手足にまひがある，身体の一部が損なわれているなどで不自由さがあり，それが将来も続く状態を肢体不自由といいます。日常生活はほとんど困らない状態から，呼吸器等を装着し，常に医療的なケアが必要な状態までさまざまです。原因は，脳性まひ，筋ジストロフィー，水頭症，てんかん，二分脊椎，交通事故，不慮の事故などです。なかでも脳性まひが最も多く，肢体不自由児全体の3割を占めています。脳性まひは，脳・神経の障害であり，症状は進行しませんが，完治はなく，継続的な医師の診療やリハビリを受ける必要があります。進行性の疾患に，筋肉細胞の変質により次第に全身の筋力が低下していく進行性筋ジストロフィーが

あります。最も多いデュシェンヌ型では，幼児期によく転ぶ，つまずきやすい，走るのが遅いなどの様子から発見されます。徐々に歩けなくなり，中学生前後で車いすの生活に移行することが多いため，幼児期に多くの体験をしておくことが望まれます。

② 知的障害

知的障害は，出生時もしくは胎児期に，脳機能に何らかの障害を受けたことにより知的な発達が遅れ，社会生活への適応の困難さが永続している状態をいいます。18歳までに発症し，医学的には精神遅滞ともいわれます。診断基準のひとつに知能指数（Intelligence Quotient; 以下，IQ）があり，IQ70未満の場合に知的障害と診断されます。知的障害の程度は表6-2のように分類されます。

表6-2　知的障害の程度

程　度	知能指数（IQ）
境界（ボーダー）	70～80
軽　度	50～69
中度（中等度）	35～49
重　度	20～34
最重度	20未満

（出所）World Health Organization，融道男他監訳『ICD-10 精神および行動の障害―臨床記述と診断ガイドライン―（新訂版）』pp.235-241をもとに筆者が作成

境界や軽度では，身辺処理が可能で集団への適応力も高い子どもも多く，気づかれないまま通常の学級や保育所・幼稚園などにいる姿を目にします。よくみると，保育者の指示や集団の動きがわからずに困っていたり，不安そうにしていたり，などの様子があります。小学生になると漢字が読めない，かけ算九九が覚えられないなど学習の困難さも生じてきます。多くの子どもは，学習する力や生活能力を一つひとつ丁寧に育てていくことで，できることも増えます。得意なこと，良い所を伸ばしつつ，自立に向けて学習を積み上げることが大切です。

③ 視覚障害

視覚障害とは，視覚の疾患によって医療的な治療をしても回復しない永続的な視機能の低い状態があり，活動や社会生活を送るうえで制約のある状況にあることをいいます。視覚障害の程度は，全くみえない全盲とみえるけれども困難さがある弱視にわかれます。人は情報を外界から得るときには，約8割を視覚から得ています。そして，視覚に障害がない場合は，視覚情報は意識しなくても外から自然に入ってきます。赤ちゃんが自分の手をみつめたり，仰向きのまま足をなめたり，人の顔を見て笑うという様子をみたことがあると思います。しかし，視覚からの情報や刺激を得る機会が少ないと，人の顔や表情を見て笑いかけることがありません。色，形，立体などの情報も入ってきません。興味のあるものに手をのばそうとした

り，ハイハイや歩行で興味の対象に向かおうとしたり，という動きもみられません。このように，視覚に障害がある場合，子どもの社会性，運動，認知機能等の発達にも影響があります。視覚以外の感覚を活用して，子どもの発達を支援することが必要です。

④ **聴覚障害**

聴覚障害とは，耳，耳神経，脳のいずれかに機能的な問題があり，聞こえの能力に永続的に障害があり，活動や社会生活を送るうえで制約のある状態をいいます。遺伝や妊娠中にウィルス感染する先天性，頭部外傷や薬の副作用などの後天性があります。音が聞こえない，聞こえにくい場合，話し言葉の習得，言葉の発達に影響があります。また，言葉によるコミュニケーションは，お互いの意思疎通や信頼関係，さらには社会生活にも影響します。誕生直後から聴覚機能が働いていることから，この能力を活用した新生児聴覚スクリーニング検査も実施されるようになっています。早い時期に発見され，適切な支援をうけることが，その後の発達や社会生活の安定につながります。

⑤ **病弱・虚弱**

長期にわたり医療や生活規制を要し，疾患によって体力が弱まった状態を病弱，疾患などの明確な原因はないが体力が弱くなっている状態を虚弱，といいます。疾患の種類には，小児がん，腎臓病，心臓病，ぜんそく，心身症，肥満など多様です。さまざまな機能が急速に発達する乳幼児期に，入院や治療による限られた空間の中での生活を強いられたり，人との関わりが制限されたりする場合，成長発達の機会や可能性が奪われることがあります。また，疾患そのものが，子どもの発達に影響を与える場合もあります。支援者はそれぞれの疾患について理解し，子どもの発達が妨げられることのないような支援をしていくことが必要です。また，入院，治療，付き添いが繰り返されることから，家族が精神的・身体的に疲労し，不安定な状況になることもあります。家族だけで抱え込まないよう，支援体制を整えることも，子どもの安定した発達には必要です。

⑥ **自閉症スペクトラム障害（Autism Spectrum Disorder，ASD）**

自閉症スペクトラム障害は，先天的な脳の疾患による障害です。その様子はおおよそ3歳までに現れ，3つの行動の特徴があります。第1に対人関係の障害，第2にコミュニケーションの障害，第3として，興味や行動，こだわりの偏り又は想像性の障害です。「精神疾患の診断・統計マニュアル（第5版）」（Diagnostic and Statistical Manual of Mental Disorders, DSM-5）」による自閉症スペクトラム障害は，対人関係の障害とコミュニケーションの障害が「社会的コミュニケーションと社会的交流の障害」にまとめられ，興味や行動，こだわりの偏りの中に，「感覚敏感（鈍感）」の内容が含められています。このようなASDの子どもの支援として，特に感覚の過敏性とコミュニケーション障害に対する支援が早期より必要とされています。

⑦ 注意欠如・多動症（Attention-Deficit/Hyperactivity Disorder, ADHD）

　注意欠如・多動症は脳機能の障害であり，行動観察によって診断されています。DSM-5 では，診断基準として，12 歳までに，症状が 6 カ月以上，家庭や保育所等の公共の場など複数の環境で発現し，持続的に現れる不注意や多動性，衝動性によって，生活機能や発達が妨げられていることが示されています。その症状の現れ方として，不注意優勢型，多動性・衝動性優勢型，混合型があります。不注意優勢型は，忘れ物が多い，集中して話を聞くのがむずかしいなど，本人の怠惰や性格の問題のように誤解を受けやすい傾向がみられます。多動性・衝動性優勢型は，じっと座っていられない，かっとなりやすいなどの様子がみられ，幼少期から目に留まりやすい子どもです。このような ADHD の子どもは，注意や叱責を受けることが多く，自信喪失・劣等感・学力低下につながりやすいといわれています。認めて伸ばすなどの肯定的な働きかけが大切です。

⑧ 限局性学習症（Learning Disorder, LD）

　聞く，読む，書く，話す，計算する，推論するなど，特定の学習能力を習得することに困難さがあります。個人の中で，能力の偏りが大きく，得意な学習，苦手な学習という偏りがみられます。苦手なことは，努力してもどうしてもできないことがあります。幼児期から，形の認知ができない，説明がわからない，ハサミが上手く使えないなどの様子から，困難さはみられますが，はっきりと気づかれるのは小学校入学以降になってからが多いのです。特定の能力以外は，困難さがみられないことから，怠惰な印象をもたれやすいことがあります。得意な分野でカバーしながら，苦手な分野の学習成果を伸ばしていくことが効果的です。

📖 引用・参考文献

上田礼子『生涯人間発達学（改訂第 2 版増補版）』三輪書店，2012 年
河合優年・中野茂編『保育の心理学』ミネルヴァ書房，2013 年
川島一夫編『図で読む心理学　発達（改訂版）』福村出版，2014 年
厚生労働省「平成 22 年乳幼児身体発育調査」2010 年（https://www.e-stat.go.jp/stat-search/files?page=1&layout=datalist&toukei=00450272&tstat=000001024533&cycle=8&tclass1=000001048106&second2=1　2018 年 9 月 23 日最終アクセス）
庄司順一「ライフステージと心の発達」『母子保健情報』(54)，2006 年
高内正子編『心とからだを育む子どもの保健 I』保育出版社，2012 年
高橋三郎・大野裕監訳『DSM-5　精神疾患の分類と診断の手引き』医学書院，2014 年
ハヴィガースト, R.J. 荘司雅子監訳『人間の発達課題と教育』玉川大学出版部，1995 年
World Health Organization, 融道男・中根充文・小見山実・岡崎祐士・大久保善朗監訳『ICD-10 精神および行動の障害—臨床記述と診断ガイドライン—（新訂版）』医学書院，2005 年

第7章
幼児理解とその方法について学ぶ

☞ 赤ちゃんは生まれるときは、両手を堅く握ってグーの形にして生まれてきます。それは、その小さな手のひらに、その子が一生のうちに味わう"幸福"を両手でしっかりつかもうとしているからだともいわれています。一人ひとりの子どものこれからの長い人生を幸せにするためには私たち大人の愛と工夫による保育が必要です。この章では、子どもたちの生命の保持及び情緒の安定を図ることを目指して、日々の遊びや生活の場での事例を参考に、保育のアイディアのきっかけ作りを学んでいきます。☜

1. 一人ひとりの子どもを理解する（幼児理解）

　子どもの発達は，身長や体重などの目にみえて確認できるものと，言葉や考え・思いやり・社会性など目でみて確認できないものとあります。同じ生年月日の子どもであっても身長や体重はもちろん，その内側にある考え方や思いなどは全く異なります。すべての子どもの心と体が健全に成長発達するように，保育者は，子どもの，今目の前にみえている部分とみえない部分（その子どもの気持ちや保護者の思いなど）にも気づき，それらに配慮した保育を進めることが大切です。

【事例：給食の時のできごと】

　豊かな自然に囲まれた保育園で，午前中額に汗をにじませるほど体を動かして遊んだ子どもたちは，各クラスで給食を食べています。子どもたちより一足遅れて職員の配膳ができました。園長先生は日々異なるクラスで給食をとり多くの子どもたちと関わることを楽しみにしていましたので，その日は3歳児のクラスに入りました。ちょうどSちゃん（女児）の隣が空いていて園長先生が「なかまにいーれて」と声をかけると，複数の子どもの声で「いーいーよ」と返事が聞こえてきました。「ありがと」と園長先生が椅子に腰かけると，Sちゃんが園長先生の方を向いて「ブッ」と唾をかけました。園長先生は驚いたようでもなく，「あらあら，Sちゃん，そんなに横っちょ向いていると，美味しいご飯がお腹の中にまっすぐ入っていけな

くて，困っているよ。おへそを前に向けて食べようね」と言いながらＳちゃんの椅子の向きを正し，何事もなかったかのように，Ｓちゃんの隣に座ってにこにこしながら「いただきます」と言って食べ始めました。

　Ｓちゃんは，販売会社社員の父と専業主婦の母，１歳の弟の４人家族です。母親は右脳教育に傾倒しており，右利きのＳちゃんに詰め込み教育をし，保育園に「ハサミもお箸も左手で使わせるよう」などたくさんのことを要望するなどしていましたので，入園以来担任たちもこの母親には気を使っていました。しかし，Ｓちゃんを敬遠したり特別扱いしたりすることなく，他の子どもたちと変わることなく接していました。どの子も同じ無邪気なかわいい子です。こんなことがあってから，園長先生はＳちゃんを見かけると必ず声をかけたり，だっこしたりしました。Ｓちゃんにはホッとする気分になる場所が必要だと考えた先生方の対応でした。そして，２年後，Ｓちゃんは，笑顔の多い明るい女の子になって卒園していきました。

　子どもでもストレスが溜まることもあるでしょう。いけないこと・悪いことをした時に，子どもの気持ちをどうとらえるか，どのような言葉をかけ，どう対応していくのかは，子どもを取り巻く大人たちの人間性や心のありようが大きく関わります。保育者は，倫理観に裏付けられた専門的知識，技術及び判断をもって保育するのですから，温かく優しい気持ちが必要ですね。

2. 子どもの発達の時期をとらえる

　子どもの心身の発達過程をみていると，たとえば「寝返りをうつ」「歩く」「言葉を話し始める」などの節目の頃に，２〜３日の間に急速に大きな成長がみられ驚くことがあります。大人に比べて，子どもたちの一日24時間は早送りされて，もしかしたら，倍速で生きているのかもしれません。もしも今，目の前にいる子どもが「あのね」と話し出したら，必ず体を子どもと向かい合わせて，『あなたの一番の理解者である私がここにいるよ』とのメッセージを込めて，「なあに」と，応えたり遊んだりしましょう。このタイミングを逃してしまうと，子どもの意欲が消えうせてしまい，行動を起こすチャンスはもう二度とないのです。すぐにではなく，30秒ずれて応えても「もういいよ。」と子どもの心が動いて行ってしまい手遅れとなることもあります。

【事例：鉄棒につかまることができない６歳の女の子】
　年長クラスのＹ子ちゃんは，〔鉄棒〕が苦手のようです。ほとんどの子どもが６歳となり，

就学を楽しみにしている1月頃，朝の体操やかけっこの後に続いて行う「運動めぐり」ではタイヤ跳び，アスレチックの間を通り抜ける，鉄棒など，クラス全員の子どもが担任に続いて蛇行しながら体を動かして楽しんでいました。Y子ちゃんは，体はちょっと大きめですが，鉄棒の場所に来ると，「前回り」をしないで，眉間にしわを寄せ泣きそうな顔でみんなの様子を横目に見て通り抜けていました。園長先生が「なんとか前回りだけでも体験させてあげたい」と考えて，午後の自由な遊び時間に大きな体のYちゃんを抱きかかえて補助し，「落ちないから大丈夫よ。ここ持ってお腹つけてごらん」と鉄棒を両手で握るように誘導しようとしましたが，Yちゃんは怖がって園長先生にしがみついたまま体を硬直させてしまい，体を前傾させて両手で鉄棒を握ることができませんでした。

　Yちゃんは出生後じきに両親が離婚したようで，お父さんに引き取られて，かなり高齢のおばあちゃんに育てられていました。入園時の聞き取りではミルクを与えて寝かせておいた期間が長かったらしいのです。おとなしく静かな性格で，〈うれしい・楽しい〉などの表情もあまりみられません。一般的に，赤ちゃんは0〜2カ月の頃，目覚めているとき，授乳やおむつ交換のときに世話をする人や抱いてくれる人の顔を見つめるので，顔を合わせ声をかけたりしてあやすと微笑み，そして次第に声を出して笑うようになります。このあやし遊びがその後の人生の人との関わりの基礎，つまりコミュニケーション能力の基となるのです。あやす際には，首や腰がしっかり据わっていない乳児には，全身を揺すらず「いないいないバー」や「かいぐりかいぐり」など顔の表情の変化を楽しむ遊びをするといいでしょう。それは，まだ首や腰が据わっていない時期の赤ちゃんの揺すりすぎは大変危険だからです。※「乳幼児揺さぶられ症候群（SBS）」

　9〜12カ月頃になれば，全身を大きく使うあそび「たか〜い，たか〜い」や「飛行機ぶ〜んぶ〜ん」などをとても喜びます。安全に注意し，身体の発達に合わせて，支えるところはしっかり支え，その乳児の顔の表情を見ながら少しずつ慣れるのを待って楽しく関わっていきましょう。この時期の，身体を水平にしたり，斜めに傾いたりする全身の動きが，身体の筋肉の緊張と弛緩のバランス感覚や重心移動をスムーズにする能力を伸ばすので，鉄棒などの運動を難なく行えるのではないかと思われます。要するに，子どもたちには「この時期を逃すと育てられない運動能力がある」ということです。6歳のYちゃんはあやし遊びの時期をとらえて，遊んでもらうことができなかったのではないでしょうか。子どもたちの今は，倍速で進んでいます。小さな変化を見過ごさず，『今』をとらえて遊んであげて，その発達を保障してあげましょう。

3. 幼児保育に基づく保育の方法

　日本人の平均寿命（2017年男性81.09歳，女性87.26歳）が年々伸びています。少子高齢化が急速に進み，身近なところに100歳を超えて元気に過ごされている方々が大勢みられるようになりました。今長生きをしているのは大正・昭和初期に生まれた人びとで，大きな戦争を経験し戦後の混乱期に十分な食べ物もなく便利な電化製品もない中で，創意工夫して生活することを当たり前のこととして毎日生活してきた人びとです。現在医学が発達し，細胞学的には120歳まで生きられるとまでいわれていますが，これからの100年を生きる子どもたちの幸せな生活を保障する基礎をつくるのは私たち大人です。子育てが家庭以外の社会施設に任せられる部分が多くなりましたから，幼児教育の場の保育者の責任をしっかりと果たせるように創意工夫をして楽しい保育をしましょう。

(1) 体を育てる
① 食生活
　食べることは，命をつなぐこと，体をつくること，心（思考）を育てることです。現代の食糧事情は，戦争中や戦後とは大きく異なり，豊かになりました。しかし，現代では，脂質・糖分の摂りすぎや保存料などの添加物の大量使用による病気や異常などが問題になっています。日本の和食は，世界が絶賛する健康食です。ご飯に味噌汁とおかず（一汁三菜）食べていますか。私たち日本人がしっかり理解して，実践していきましょう。

　保育所等各園では，調理職の方々も専門性を発揮し地域の特産物を使ったり，毎日おやつを手作りしたり，また，子どもたちに畑での野菜作りやクッキング保育を体験させるなど，総合的な保育効果を高めているところが多くなりました。嬉しいことです。

　日本人は，元々農耕民族ですから，米・野菜等食物繊維の多い食品を消化するのにちょうどよく適した胃腸を持っています。《まごわやさしい》とよばれている標語のように，【ま】豆，味噌，豆腐，【ご】ごま，【わ】わかめ（海藻類），【や】野菜（根菜），【さ】魚（青身魚），【し】シイタケ（キノコ類），【い】イモ類，等を保育園等の毎日の食事の中に取り入れ，子どもたちの家庭へも知らせることが必要です。自らの健康は自ら守るとともに，日本文化を継承しましょう。

② 噛む力（咀嚼力）
　今一歩という時の「がんばる力」は「歯を食いしばる」ともいわれますが，最近，子どもたちの咀嚼力（噛み砕き味わう力）の低下も問題になっており，顎の骨格が弱体化していて人間

の進化に影響しているというのですから，対策を急がなければなりません。

離乳期を終え，2歳を過ぎたら，軟らかい食品ばかりでなくいろいろな食品を自分の手で食べる習慣をつけましょう。

噛むことにもいい言葉があります。日本の弥生時代の女王，卑弥呼の時代の食生活をヒントに，《ひみこのはがいーぜ》と言います。【ひ】肥満防止，ひとくち30回噛む，【み】味覚の発達，【こ】言葉の発達，【の】脳の発達，【は】歯の病気を予防，【が】ガンの予防，【い】胃腸の働きを促進，【ぜ】全身の体力向上…などいいことばかりです。噛むことで免疫力をあげ，風邪をひかない，そしてしっかりとした骨格の丈夫な体を作りましょう。

保育者として大事なことは，良いお手本を見せること，まず，第一に，笑顔で偏食なく『おいしい！』と食べる姿，正しい箸の持ち方，など『よいお手本』を見せて子どもたちにそれを真似してもらうことです。

また，子どもの命を預かっているので，子どもの食物アレルギーに対する知識とその対応には，医師の指導に基づいて，細心の注意を払い，保育者間で協力体制を整えておきましょう。

③ 眠　　る

『寝る子は育つ』と昔からよくいわれていることですが，それは，人間はぐっすりと眠っている間に成長ホルモンが十分に出て成長するからです。子どもたちが大きく育つように，寝付いたら電気を消して真っ暗にし，騒音を出さないようにしましょう。女のヒソヒソ声は安眠妨害だそうですよ。女の人の声の波長が子どもによく合うということは，『あやす』には有効ですが，『眠る』時には不適ということです。快食・快眠・快便は健康の基礎ですので守ってあげましょう。

また眠る前には，絵本を読むなどして穏やかな気持ちにさせて，眠りに誘うことが大切です。今日経験したことを認めて褒めて，明日が素晴らしい一日となると確信できるようにおまじないをかけるなどして遊びましょう。子どもの夢は，いつか必ず叶うという希望が持てるように，手元に引き寄せてあげましょう。

④ 排泄…順調な排便の習慣は，一生の宝

私たちは無意識のうちに，呼吸をして新鮮な空気を体に取り入れ，食べものから栄養素を得て，全身の各細胞を活性化させて，いらなくなったものを体外へ捨てるという大仕事（循環）をしています。最後の循環部分が詰まってしまうと，血液が汚れたり細胞がうまく働かなくなったりして，免疫力が弱まり，病気になりやすくなるので，恒常的な便秘は避けたいものです。

乳幼児期に食物繊維の多い食品を食べる習慣を身につけ，一日1回，それも朝，食事の後

に必ず排便する習慣をつけましょう。血管の中の老廃物を早めに取り除き常に大脳に新鮮な栄養素を送り届けると学習も仕事もはかどります。

　保育者にとってもうひとつ大事なこと，排泄物はよ〜く観察すること，何が・消化されたか・いつ食べたものか・水に浮くか沈むか（比重）など，うんちは健康のバロメーターです。子どもが排泄した後は必ず確認しておきましょう。

　血液が混じっていても赤くみえるとは限らず，いつもの物より黒っぽい程度です。便が赤い場合は肛門が切れているのかな，黒い場合は腸の奥からの出血かなと考えますが，これはあくまでも素人の見方なので，専門家である医師の診断を受けるように保護者に話しましょう。

　子どもたちは「うんちの話」が大好きですから，絵本や紙芝居でいろんな話を聞かせ，100年間使ってももろくならない丈夫な胃腸をつくるために，健康に関する意識を高めておきましょう。

⑤ 運動と遊び

　体力と運動能力の基礎は幼児期につくられます。神経機能は，5歳までに大人の約8割程度まで発達するといわれていますから，5歳までに多様な体の動きをする必要があります。2012（平成24）年3月に文部科学省から発表された「幼児期運動指針」では次のような体の動きを取り入れて一日合計60分間を目安に行うことを勧めています。

○体のバランスをとる（立つ，座る，転がる，渡る，寝ころぶ，回る，起きる，ぶら下がるなど）
○体を移動する動き（歩く，走る，よける，跳ぶ，登る，下りる，這う，はねる，すべるなど）
○用具などを操作する動き（持つ，押す，蹴る，投げる，捕る，運ぶ，積む，掘る，転がす，こぐ，引くなど）

　乳児期の「高い高い」や「飛行機ブーンブーン」などのあやしあそびは重心移動を伴う大事な運動であることは先に述べました。幼児期には，小さな崖のぼり，木登り，相撲，鉄棒，ボール遊び，鬼ごっこなどのごっこ遊び，三輪車・自転車・一輪車乗り，縄跳びなどの全身運動（粗大運動）と共に，手先を使う運動（紐通しやコマ回し，折り紙，あやとりなどの微細運動）も大切で，根気や社会性を育てながら楽しく行える運動といえます。

　戸外で太陽光を浴びながら運動することは，食欲も増し食生活の向上にもつながり，体力のある子は「やる気」「勇気」「根気」なども育ちます。

　体を動かす遊びのほかに，絵を描く，歌を歌う，絵本を読む，ごっこ遊びをするなど，創造力を高めたり知識を深めるたくさんの遊びがあります。食べることとつなげて五感を刺激する面白い活動をたくさん計画して園児も先生も楽しめるようにしましょう。

(2) 心を育てる

　生後すぐから始まった人との関わりが，保育所・幼稚園・こども園等でさらに大きな波紋となって広がっていきます。「先生大好き」の気持ちは一人ひとりの子どもの心の中にあるのです。私たち保育者一人ひとりも，子どもと関わることで温かい気持ちになり，子どもたちに育ててもらいましょう。保育は「子ども育て」であると同時に，保育者にとっての「自分育て」です。「この子」に巡り合ったことは私の人生にとってなによりハッピーなことなのですね。

【事例：① 先生大好き】

　空は青く気持ちの良い季節です。散歩に行くときには，3歳児は5歳児のお兄さんお姉さんと手をつないでもらいます。時に子どもの数が奇数になると，先生と手をつなぐ子どもがいます。3歳児のMちゃんは筆者（橋爪）と手をつないで，列の一番最後を歩くことになりました。
　Mちゃんは私の左手をしっかりと握り，リズミカルに前後に振りながら嬉しそうにおしゃべりを始めました。

　Mちゃん　「わたしね，すずめせんせいってすきだやぁ」
　橋爪　　…えっ，すずめ？ メダカの学校の歌の中の先生は知っているけど，すずめ？
　　　　　近くの電線にすずめがいるのかな？　と見回してもすずめは見えない…
　　　　　「ねえ，Mちゃん，すずめ先生ってどこにいるの？」
　Mちゃん　…急に私の手をギューッと，更に強く握りしめて大きく振り上げて…
　　　　　「いるじゃん，ここにー」
　橋爪　　…は・し・づ・め？　し・づ・め　⇒　すずめ　な～るほど！…
　　　　　「あぁっ，そうかぁ，すずめ先生は私なんだねー，私もMちゃんのこと，だぁい
　　　　　すきだよ！」…と言いながら，私はMちゃんの手を握り返して，さらに大きく
　　　　　振り上げました。そして，前を歩いている子どもたちに配慮して，こんな言葉
　　　　　を付け加えておきました…「ほかのみーんなも大好きだけどね」

　保育者は，子どもを取り巻く環境の中で最も重要な人的環境であり，大きな役割を持っています。一人ひとりの子どもが自発的・意欲的に関われるような環境を構成し，子どもの主体的な活動や子ども相互の関わりを大切にするということは，今目の前にいる子どもと心温まる小さなやり取りをすることです。子どもたちとのエピソードをたくさん作りましょう。

【事例：② けんか】

　「んもぅ，園長先生にお話ししなさい!!」年長クラスの担任はずいぶんと腹を立てているようです。2人の男児をせかして2階の保育室から降りてくると，職員室で仕事をしている園長

先生の前に子どもたちを置いて、保育室にもどって行ってしまいました。「何があったの？」「あ、そう、それで？」やむを得ず、園長先生は、片方の子どもの言い分を聞くと、それを復唱してもう一方の子どもに間違いはないかを確認することを繰り返し、双方の言い分を聞きました。そして、長い時間の後にそのうちの一人に、「なにか○○君に言いたいことない？」と聞くとその子は「ある」と答えました。「へーえ、それは何なの？」「ごめんね」「もっと大きい声じゃないと聞こえないよ」「人に謝るときは、『ごめんなさい』と言うのと一緒に、頭を下げるんだよ」などのやり取りをしました。やっとのことで「ごめんなさい」の言葉が聞けましたので、園長先生はほっとしたのですが、そのあとは簡単ではありませんでした。「ごめんね。」を言われた子が「いいよ。」といわないのです。「だって、またやるもん」というのがその理由です。「こまったね。どうすればいいの？」としばらく考えてから、園長先生が、「わかった！ 大人たちは、そういう時には『もう、しません』って紙に書くよ。名前書いてハンコ押して」と提案しました。すると、2人とも「それじゃぁ、僕らも書く！」というので、2人共2階へ自分の紙と鉛筆を取りに行ってきて、わからないひらがなを園長先生に教えてもらいながら、一方の子は「○○くんへ、××してごめんなさい。もうにどとしません。□□より　　ねん　がつ　にち」と書きました。もう一人の子は「□□くんはもう××はしないといっています。　　ねん　がつ　にち」という文面です。

　人はひとりでは生きられません。家族・友達・学校・地域・職場・国・世界などさまざまな場で、お互いに助け合って生きていくのですが時には葛藤もあり、保育所等では「けんか」がしょっちゅう起こります。けんかは子どもが人との付き合い方を学ぶのに、大事な機会なので、厄介だと思わないで、丁寧に扱ってください。まず、けがをさせないように、危ない時にはすぐに止めて安全を保障します。けがをさせては保護者に申し訳がありませんし、専門職の名に恥じます。まず、それぞれの子どもの言い分を聞き、対応を考えます。この時保育者は、大人の判断で、結論を急がない（裁判官にならない）こと、「仲良くしなさいよ」などと教訓を垂れないことが大事です。子どもが心から『ごめんなさい』をいえるように誘導します。保育所等は社会の縮図ですから、人との付き合い方をたくさん練習させてあげましょう。ルールのある遊びや勝ち負けのあるカードゲームなども人との付き合い方の学びの場として大切です。

　さて、この【事例：②けんか】には余談があります。

　けんかをした年長の男児2人は、園長先生の前で「証文」（誓約書）を交換し、2階の保育室へ戻るために職員室を出ていきました。園長先生が「やれやれ、一件落着だ」と事務仕事の続きをしようとすると廊下がなにやらにぎやかです。職員室のドアを開けてみると、さっきの2人のうちのひとりが紙切れをもった手を高く挙げ、もうひとりがその手の先の紙切れを取り

戻そうと，手をもつれさせながら階段を駆け上がっていくところでした。園長先生は，なんだか「ごめんね」をいった子どもの将来の姿をみたような気がしました。あの子たちは今，どんなパパになっているのでしょうか…

4. これからにつながる保育

　身近にいる子どもたちは，褒められることが好き，時に無礼なことも平気でいうこともありますが，このありのままの今の姿を，児童憲章や保育所保育指針の最善の利益などの理念と重ね合わせると，社会や私たち保育者のするべきことがみえてきます。「保育」はどんなにたくさん愛情をかけてもこれで十分ということはありません。しかしながら，保育者も人間ですから，人生の転機もありストレスもたまります。そんな時に役に立つのが趣味を持つこと，人生を楽しむ仲間がいることでしょうか，まず，保育者の皆さん自身が将来の夢に向かってハツラツと生きて，人の役に立つことに喜びを感じるその姿を子どもたちに見せてあげましょう。

※「乳幼児揺さぶられ症候群（SBS）」：頭蓋骨の内側に脳が何度も打ち付けられて損傷を起こすと，脳の周りや脳内で出血することで，硬膜下血腫などを起こし，意識障害や嘔吐，呼吸困難などの症状（重症な児童虐待）に繋がる〔日本小児科学会〕。

カフェタイム（コラム）③

「子どもが模倣する対象」としての役割

　園舎や園庭等の物的な環境や，子どもが育つ地域社会等の環境の他に重要なのが，子どもと接する保育者の存在です。保育者は子どもの現在の姿を見取り，今後経験させたいことや身につけさせたいことを，「さりげなく」環境に込めて保育環境を整える必要があります。

　8月の暑い日，M保育園では，全身を泥だらけにして泥遊びを心から楽しむ子どもたちの姿がみられます。その中でも一番目を輝かせて楽しんで遊んでいたのは，年少クラスを率いる保育者のアユミ先生です。泥んこになって夢中になって遊んでいる（ように見える）保育者と共に遊ぶ子どもは，初めから泥遊びが大好きだったわけではありません。泥遊びが始まった当初は，身体が泥まみれになることを「ばっちい」といって嫌がっていた子どもも，保育者や他の子どもが気持ちよさそうに泥で遊んでいる姿を見て徐々に泥の中に足を入れるようになってきました。初めのうちは泥団子作りで終始していた遊びが，保育者が楽しそうに遊んでいる姿を見て，下着が汚れることを気にせずに全身で遊ぶようになってきます。

　ここで重要なのは，保育者の遊びのリーダーとしての姿です。保育者は夢中になって遊んでいるように見えて，実は遊びに入り込めていない子どもにさりげなく活動を促したり，遊びを楽しんでいる子どもには更に遊びが充実するように配慮したりします。子どもたちが遊びこめるように保育者が「さりげなく」遊びのきっかけや発展を支えています。これは「泥遊びしたら？」「みんな楽しそうだよ」と言葉だけで子どもの遊びを促すこととは異なります。子どもが保育者や周囲の仲間の姿に触発され，自らの意志で「やってみたい！」と思い，活動に参加することが大切です。

　子どもは良くも悪くも大人の真似をします。それはただ単に行為を真似することに留まりません。大人の態度・物事に取り組む姿勢にも影響を受けるのです。子どもと密接に関わる保育者は，子どもに「こうあってほしい」という期待を持つ前に，自分自身も「子どもの模範となる大人であるか」ということを常に問いながら，自分の保育を日々研鑽させていく必要があります。

（写真提供）まきば保育園（青森）

第8章
環境を通して行う保育を学ぶ

> ☞ 私たちは「環境」という言葉からどのようなことをイメージするでしょうか。自然環境，環境問題，家庭環境といったことが思い浮かぶかもしれません。「環境」と一言でいっても，自然破壊，環境汚染，地球温暖化のような国家及び地球規模のことから，核家族化など，家庭といった小さい規模で考える「環境」の場合もあるでしょう。このように「環境」という言葉は，幅広い内容を含み，多方面で使用されています。
> 　それでは，保育の中で「環境」を考えるとどうなるでしょうか。まず，みなさんが，子どもの頃に通っていた，あるいはボランティアで行った幼稚園や保育所の環境は実際どのようなものだったか思い出してみましょう。
> 　保育室にはピアノやメダカの入った水槽が置いてあったり，玩具や絵本，自由に使える折り紙などがコーナーに用意してあったり，壁には季節ごとに張り替えられる壁面構成が飾られたりしていましたか。また，それらは保育室の中でどのように配置されていましたか。また，園庭には，ブランコ，すべり台，砂場など，どのような設備があり，どのような遊具があったでしょうか。さらに，先生や友だちとどんな遊びをしましたか。おそらく，保育の中にある環境は，園によって，また，クラスや年齢によっても違いがあるでしょう。保育の環境には子どもにこんな経験をしてほしいという保育者の思いや願いが込められています。
> 　乳幼児が成長していくうえでも，子どもたちを取り巻いている「環境」はとても重要です。この章では，保育の基本原則である「環境を通して行う保育」とはどのようなものなのかについて，事例を通じて学んでいきます。☜

1. 環境を通して行う保育

　幼稚園・保育所・認定こども園で行われる保育は，「環境を通して行う保育」という考え方が基本となり，小学校以上における教育にみられる，あらかじめ決められた学習内容を効率よく獲得させるための直接的な指導とは大きく異なる特徴をもっています。

　保育者は，保育のねらいや願いを織り込む形で何か物を置いたり，活動を用意したりするなど，子ども自身が自主的，自発的に「やってみたい！」と思えるよう環境を意図的に構成し，子どもが楽しんでその活動に取り組み，喜びや達成感，満足感を味わえるような間接的な指導を心がけることが重要になります。これが「環境を通して行う保育」なのです。もちろん，保育者が，子どもに対して直接「○○してください」といった指導だったり，あるいは

逆に「○○してはいけません」というふうな注意をしたりすることはあります。しかし，このように保育者が直接指導するだけでは，子どもの自主性や自発性は育ちませんし，自由感を伴う楽しい活動にもならないのです。また，保育環境に教育的な価値のある保育者の思いや願いを織り込むためには，今，子どもが何に興味・関心があり，その子どもの成長や発達に必要な課題が何であるのかをしっかりと保育者が理解していなければなりません。「環境を通して行う保育」とは，保育者が子どもとの信頼関係を築き，子どもとの生活を大切にしながら，子どもと共によりよい保育環境を創造していく保育ともいえます。

【事例：砂場遊び「水を流そう！」】

　6月も終わりに近づいたある日，年中の黄組の子どもたち3人が砂場で遊んでいます。その子どもたちは，昨日，年長の子どもたちが，同じ砂場で，雨どいを組み合わせて作った水路や砂で作ったトンネルに，ベビーバスに汲んだ水を勢いよく流し込んだりして遊んでいる姿を見ていました。今日は，年長の子どもたちはお遊戯室で，年少の子どもたちは保育室で別な活動をしているので，年中の子どもたちだけで砂場を占領して遊ぶことができます。担任のT先生は，砂場の近くに，シャベルやスコップ，お鍋，フライパン，小さなコップ，雨どいなど，さまざまな道具の入ったカートを砂場の近くに用意し，それらの道具を自由に子どもたちが使用できるようにしました。

　Aくんが「川を作ろう！」というと，Bくんも「よし！」と返事をし，Cくんは，「よし，じゃあ僕は海をつくるよ！」と話がまとまり，シャベルやスコップを使い，協力して川や海を作りはじめました。

　海ができ，それに注ぐ川も完成しました。Aくんが「水を流そう！」と言うと，Bくんが「じゃあ，水を持ってくる」とCくんを誘い，ベビーバスをもって，砂場から3mほど離れたところにある水道のところに水を汲みに行きました。水がいっぱい入ったベビーバスは重く，BくんとCくんだけでは持ち上げることができませんでした。そこで，Aくんも加勢し，何とかベビーバスを持ち上げ，歩き出しましたが途中で落っことしてしまい，半分ぐらい水がこぼれてしまい，3人とも水浸しになりました。その様子を見ていたT先生は，「大丈夫？」とニッコリしながら声をかけました。担任の笑顔に安心したのか，3人は，お互いの濡れた服を見合いながら大きな声で笑いました。気を取り直して，3人は軽くなったベビーバスを川まで運び，そこから水を流しました。しかし，ベビーバスから流れ出す水の量と勢いで，川が壊れてしまい，思わず3人は，「うわー，壊れた」と叫びました。水は海までうまく流れ込んではいきませんでした。当初，自分たちが思い描いていた，水が川を流れて海まで到達するというものとは違った状況となったようです。その後は，ベビーバスは使わず，お鍋やフライパ

ンに水を汲んできて，作り直した川に少しずつ水を流し込みました。何度も何度もそれを繰り返すことにより，ようやく川が海までたどり着き，3人は「やったー！」と大喜びしました。

　さて，あなたがこの年中児の担任だったとすれば，このような砂場遊びの場面で，子どもたちにどのように関わっていきますか。「環境を通して行う保育」をイメージして考えてみてください。

　T先生が子どもたちの遊びをすべて決め，「今日は○○をします。こんなふうに遊んでください」や「これはしちゃいけません」といったように，砂場遊びにクラス全員で取り組ませ，遊び方まで決めてしまったとしたらどうなるでしょう。たまたま，子どもたち全員の興味・関心のある遊びであった場合や，そのやり方が，その時期の子どもたちにとって大切な学びが体験できるといったようなタイミングや状況であれば，話は別ですが，すべて保育者主導で直接的な指導であっては，子どもたちが「やらされている」と感じ，子どもの主体性は育ちません。また，子どもたちは，保育者の指示を待つようになったり，保育者の顔色をうかがって怒られないようにすることに一生懸命となったりしてしまうのです。このような状況の中では，安定した情緒の下で自己を十分に発揮することはむずかしく，発達に必要な多様な経験を得ることはできないのです。

　T先生は，この日，「砂場で遊びましょう」と子どもたちに伝えたわけではありません。そのため，3人以外の子どもたちは，砂場以外のところで，自分がしたい遊びをしていました。昨日，年長児の遊びを興味深く眺めていた3人が，もしかしたら砂場で協力しながら遊ぶかもしれない，もし遊ぶとしたら，どんな道具があればその遊びが豊かになるのかなどを考え，いろいろな道具をのせたカートを砂場の近くに置くといった環境構成を行ったのです。

　T先生は，遊んでいる子どもたちすべてに目を配りながら，砂場の3人の様子を見守っていました。その3人の砂場での遊びの中で，重要なポイントがいくつかあります。たとえば子どもたちはベビーバスにどのぐらい水を入れたら，自分たちで運べるのかということに気付きました。また，水をかぶって服を濡らしても，T先生から怒られずに，「大丈夫？」と声をかけられたことで，3人は安心してさらに遊びに夢中になることができました。自分たちのことを理解してくれる人的環境である保育者（大人）の存在は，重要であり，すぐに禁止したり，怒ったりしている保育ならば，子どもたちは自分たちのしたいことを押さえ込んでしまったかもしれません。ただ，すべてがT先生の想像通りの遊びになったかというとそうではなく，年長児のように雨どいを使った遊びには，今回は発展しませんでした。また，水を運ぶ場合は，主にベビーバスを使うようになるかなと思っていましたが，ベビーバスで運んだ水を流すと，せっかく作った川などを壊してしまうこともあり，3人は，いちいち水道の所までお鍋や

フライパンを持って行って,それらを使って水を運ぶことを選択します。それは,大人からみると効率が悪いことかもしれませんが,子どもたちにとっては,現時点でそれが一番自分たちの気に入った,やってみたい方法だったのです(もちろん,今後,子どもたちの中で,チャレンジしてみたい方法が変化していくことは考えられます)。しかし,そこで保育者が,「こうしたらいいよ」「ああしたらいいよ」とすぐに教えてしまうのではなく,自分たちが遊びの中で,智恵を絞ったり,葛藤や失敗を経験したり,時には友だちとのトラブルを起こしたりする中で,自分たちに合った好きな遊び方(それが効率が悪くても)を見つけ出していくことが成長にとって重要なのです。そのことを認識していることが「環境を通して行う保育」を実践していくためにとても大切なのです。また,最後に川が海までたどり着き,達成感や満足感を味わうことができた経験は,自分を成長させ,遊びの発展につながっていくのです。

「環境を通して行う保育」とは,子どもが保育者と共に生活する中で,物や人などのさまざまな環境と出会い,それらとのふさわしい関わり方(自分らしい関わり方を含む)を身に付けていくこと,すなわち,保育者の支えを得ながら文化を獲得し,自己の可能性を切り開いていくことを大切にした保育なのです。

2. 保育の環境

乳幼児の保育を考えた場合,実際にはどのような環境があるのでしょうか。保育においては,子どもにとって身近な遊びや生活の場を「環境」ととらえることが一般的であり,次のように主に3つをあげることができます。

(1) 人的環境

友だち,保育者,事務職員,栄養士,調理師,通園バスの運転手などさまざまな大人。

(2) 物的環境

園舎,保育室,園庭,砂場,すべり台やジャングルジムなどの遊具,植物,積み木やブロック,折り紙,ままごと道具などの玩具,絵本,飼っている昆虫や魚,小動物,制作のための材料など。

(3) 自然や社会の事象

気候,天気(雨・風・雪),交通機関,商店街,地域の伝統行事,社会施設など。

保育においての「環境」とは,「子どもたちを取り巻くすべてのもの」が対象となり,これらのものすべてが相互に関連し合って,つくり出されていくのです(図8-1)。

環境は,ただそこに存在しているだけではなく,子ども自らが環境と関わる中で,その環境

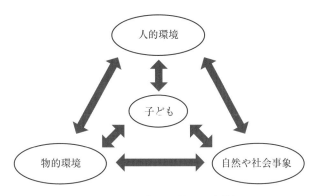

図8-1 保育の環境と関係性

を作り替えていくことや保育者が子どもにとって豊かなものになるよう，時には環境の再構成を行うこともあるのです。

保育者には，子どもが自発的にさまざまな環境と関わり，充実感や満足感を味わうなど，必要な経験ができるように，乳幼児一人ひとりの姿をみながらより良い環境を構成することが求められています。

3. 子どもにふさわしい保育環境の構成

子どもが環境との相互作用によって成長・発達するということは，保育者は子ども一人ひとりの状況を把握し，行動の理解と予測に基づき，子どもの日々の変化をとらえて対応する環境構成，すなわち，子どもにとってふさわしい保育環境を構成することが重要となります。保育所保育指針「第1章総則1保育所保育に関する基本原則（4）保育の環境」では，「子どもが自ら関わる環境」，「安全で保健的な環境」，「温かな雰囲気と生き生きとした活動の場」，「人との関わりを育む環境」の4点に留意しながら，計画的に環境を構成し，工夫して保育をしなければならないとしています。

① 子どもが自ら関わる環境

まず，はじめに示してあるのが「子ども自らが環境に関わり，自発的に活動し，様々な経験を積んでいくことができるよう配慮する」ことです。子ども自身の興味・関心などが触発され，思わず触ったり，動かしたり，遊んでみたいと思えるような，魅力ある環境を構成することが大切です。その際，子どもがそれまでの経験で得たさまざまな資質・能力が十分に発揮できるよう工夫することが重要です。

また，園の自然環境や空間等を十分に生かしながら，子どもの経験が偏ることのないように，多様な環境の構成に配慮することも求められます。

② 安全で保健的な環境

　次に記されているのは，「子どもの活動が豊かに展開されるよう，保育所の設備や環境を整え，保育所の保健的環境や安全の確保などに努めること」です。安心感や他者に対する信頼感の得られる環境の下，子ども一人ひとりが自己を十分に発揮でき，自発的・意欲的な遊びや活動が展開される中で，子どもの健全な心身は育まれていきます。

　そうした子どもの遊びや活動が豊かに展開されるよう，施設設備の衛生面や安全面における整備は大変重要です。子どもが安心，安全に過ごすことのできる環境を構成することが大切です。

③ 温かな雰囲気と生き生きとした活動の場

　さらに，「保育室は，温かな親しみとくつろぎの場となるとともに，生き生きと活動できる場となるように配慮すること」です。園における一日の生活が，発達過程や時期，季節などに即して，子どもが一人または少人数で遊びに集中したり，友だちと一緒に思い切り運動したりといった静と動のバランスのとれたものとなるよう配慮することが大切です。

　また，一日の中で，子どもが保育者と一緒に落ち着いて過ごしたり，くつろいだりすることのできる時間や空間が保障されるよう工夫しながら環境を構成することが求められます。

④ 人との関わりを育む環境

　最後に，「子どもが人と関わる力を育てていくため，子ども自らが周囲の子どもや大人と関わっていくことができる環境を整えること」です。子どもが遊びや生活の中で，同年齢の子ども同士，異年齢の子ども，保育者等や地域のさまざまな人びとと関わる状況をつくり出すことが大切になります。こうした人との関わりの中で，子どもはさまざまな感情や欲求を持ち，更に関わりを深めたり，他者への関心を広げたりしながら，人と関わる力を育んでいきます。

　このようなことを踏まえ，保育の環境の構成に当たっては，複数の友だちと遊べる遊具やコーナーを設定したりするなど，物の配置や子どもの動線などに配慮することも重要です。

　子どもにとって身近な大人や友だちとの関わりが自然に促されるよう環境を構成することが求められます。

　子ども自身がさまざまな環境に主体的に関わっていくことは，保育・教育において重要な視点です。保育者には自分自身も含めた子どもの成長にふさわしい保育の環境を整える大きな役割があるのです。このように，日々の保育は環境を基本になされているのです。

4. 身近な自然環境との関わり

　子どもたちの身近にある自然環境では，園庭や散歩に行ったりする公園の木々や草花など季節によってその姿を変えていき，日本特有の美しい四季の変化を園内外で感じ取ることができます。幼稚園教育要領，保育所保育指針，認定こども園教育・保育要領の領域「環境」の内容において，特に「自然」に関する記述としては，「自然に触れて生活し，その大きさ，美しさ，不思議さなどに気付く」や「季節により自然や人間の生活に変化のあることに気付く」，「自然などの身近な事象に関心をもち，取り入れて遊ぶ」と記されていて，自然環境との関わりの重要性を示しています。子どもたちが身近な自然と関わることで，好奇心や探究心も芽生え，豊かな心情や思考力の基礎を培うことにもつながっていくのです。

【事例：どんぐりのあかちゃん】

　5歳児クラス担任のM先生は，秋に近くの小学校1年生と一緒にどんぐりを使った制作や遊びで交流することを念頭に，どんぐりの実がどのようにしてできるかに気付いてほしくて，1学期に園から近い公園に，子どもたちと遊びに来ました。Y先生が「(どんぐりの木を指さしながら) 見て見て！　この木，何の木だかわかる？」と子どもたちに尋ねると，子どもたちから「わかんない」という答えが返ってきました。M先生が「秋に茶色い実がなるよ」とヒントを出しながら，どんぐりの木だということに気付かせると，子どもたちは，「え？　本当？」と実際に実がないので驚いていました。

　その後，何度かその公園に子どもたちと来て，またどんぐりの木を見たり，草花に触れたり，虫を捕まえたり，鳥の鳴き声を聞いたりしました。秋の手前でもう一度，同じ公園に遊びに来た時，Y先生は，「どんぐりの木どうなったかなぁ」とどんぐりの木に注意がいくように促すと，「わー，みどり色で小さい」と子どもたちは，普通のどんぐりよりまだ早い段階の緑色の小さいどんぐりを発見し，目を輝かせていました。Mちゃんが「赤ちゃんどんぐりだね」と言いました。Kちゃんが「トマトの赤ちゃんもみどりだったね」と，1学期に育てたミニトマトも赤くなる前はみどり色をしていたことを思い出しながら話しています。D君が，「イチゴの赤ちゃんもみどりだったね」と，昨年イチゴ狩りに行った時，赤いのに混じってみどりの小さなイチゴを発見したことを思い出しながら話しました。Fちゃんが，「じゃあピーマンは赤ちゃんなんだね」と言うと，子どもたちは，「そっかー，ピーマンは赤ちゃんなんだ」と納得した様子です。Y先生は，「それは，ちょっと…」と，違うとも言えず困ってしまいますが，子どもたちのさまざまな気付きや発想，想像力に驚いてしまいました。

保育者が「この木，何の木だかわかる？」や「どんぐりの木どうなったかなぁ」などと，木々などの変化を遊びの機会に伝えることで，子どもたちが季節の移り変わりに気付き，自然環境の変化を体感していきます。無計画に自然と関わるために公園に子どもたちを連れて行くのではなく，また，画一的に「秋になったからどんぐりを使って何か作りましょう」というものではありません。M先生は，「秋になったらどんぐりを使った制作活動をしたいけど，どんぐりは春や夏にはどんな状態なのかを含めた季節の変化にも気付かせたい」という意図を公園での遊びの中に込めているのです。このような自然との関わりから，「え？　本当？」やこれまでの生活で体験してきたミニトマトの栽培と結び付いた「トマトの赤ちゃんもみどりだったね」という気付きや発想が生まれました。さらに，子どもたちの興味・関心を高め，秋や冬に行う，どんぐりなど自然物を使った制作活動への意欲につながっていくのです。

　保育者の意図が込められた保育，すなわち「環境を通して行う保育」を実現させていくためには，事例の通り長いスパンでの指導計画が大変重要になってきます。保育者の繊細な配慮や計画が，子どもたちの感性や主体性を育み，小学校以降の生活や学びにつながっていくのです。

5. 環境を生かした保育方法

　子どもは身近な自然と関わる機会が増えてくると，たとえば，植物の葉や種の大きさ，美しさ，不思議さに心を動かされます。また，身近な事象を見たり，考えたり，扱ったりする中で，物の性質や数量，文字などに対しての関わりを広げることも大切です。子どもを取り巻く生活には，物については当然ですが，数量や文字についても，子どもがそれらに触れ，理解する手掛かりが豊富に存在します。それについて，大人の一方的な価値づけで，単に正確な知識や技術などを直接的体験から切り離した形で押し付けてしまっては本当の学びにはつながりません。生活の中で子どもたちが自ら興味・関心を抱き，直接体験することができるように，保育者が子どもとともに環境を創造していくことが大切なのです。

【事例：ヒマワリの種は何個ある？】
　春に年長のぞう組の子どもたちが蒔いたヒマワリの種が，夏に大きな花を咲かせました。子どもたちはヒマワリと背丈を比べたり，花や葉の大きさや色に感動しながら，ヒマワリを育てたことに満足そうでした。N先生は，夏休み中に枯れてしまったヒマワリの花をとっておいて，夏休み明けに子どもたちに見せてみました。子どもたちは，いっぱい種をつけている枯れ

た花を見て,「すごーい!」と大興奮。「先生,この種って何個あるの?」と子どもたち。N先生は,「みんなで数えてみようか!」と答え,ヒマワリの種が何個あるのか,みんなで数えることにしました。まずは種を枯れた花から広げた新聞紙の上にすべて落としました。そこで,N先生が「こんなのたくさんあるよ」とチャック付きの小さなビニール袋を子どもたちの前に出したので,手分けをしてそのビニール袋に種を10個ずつ入れていきました。

Fくんが「この種,中が空だよ。軽い。穴があいてる」と中が空の種を見つけて話しました。Hちゃんが「ほんとだ」とその種を見ています。「この種も1個って数えるのかなぁ」というFくんの問いに,Hちゃんが「数えるよ。だって種の形してるもん。数えなかったらかわいそうよ」と答えました。「そうだね」とKくん。数えながら種をビニール袋に入れていくと,ビニール袋がたくさんになってきたので,今度はそれを10袋ごとにまとめながら,さらに数をかぞえていきました。最後に,10袋ごとのまとまりを子どもたちみんなで「10, 20, 30…100」と数えていきました。まとまり以外の種も合わせると,なんと種は全部で,1,017個ありました。

「やったー!」「すごい!」と喜んだり,驚いたりする子どもたち。

種は,来年,年長児になる年中児クラスにプレゼントし,あまった種は家にもって帰ることにしました。

そして,帰りの会で子どもたちからこんな声が出ました。

Iくんが「先生,なんでヒマワリの種ってシマシマなの?」と聞いてきました。

N先生は「何でだろうね?」と答えました。Oくんが「栄養があるってことじゃない?」と言い,Yちゃんが「きれいに咲くよーってことじゃない?」と答えました。このように,その日の帰りの会は,子どもたちの疑問や気付きでとても盛り上がりました。

小学校の教育では,国語,算数,理科などのように教科に分かれており,教科書中心に授業を組み立てていかなければならず,国語の授業の時には,国語の教科書とノートを机の上に出し,それ以外の教科の教科書やノートは引き出しの中にしまっているのが小学校の授業の大原則です。また,あらかじめ決められた学習内容を子どもたちに効率よく教えていくような教育のあり方です。

それに比べ保育現場で実践される保育方法の特徴は,子どもの主体性や自発性を基盤としながら,遊びを通して,子どもを育てようとするところにあります。子どもの生活では「遊び」が「学び」となり,この部分が小学校の教育と大きく異なるのです。

子どもたちは種を数える遊びを通して,10を10個集めたら100になり,100が10個集まると1,000になることを知ります。また,ヒマワリの種の形や模様の違いにも気付きました。

しかし，ここで大切なのは，1,000まで数を読めたり，書けたりすることではなく，あくまでも遊びの中で実際にワクワクしながら夢中になって種を数えて，形や模様の違いにも気付きながら1,017個の種を自分の目で見て確かめるといった直接的な体験ができたことです。また，保育者は子どもたちが思わずやってみたくなるような環境を用意することなのです。子どもたちはこのような経験を何度も繰り返していきながら，物の大きさ，美しさ，不思議さ，物の性質や仕組みなどに興味や関心をもち，さらに主体的に環境との関わり方を広げ，自分自身を成長させていくのです。

引用・参考文献

秋田喜代美・増田時枝・安見克夫『新時代の保育双書　保育内容「環境」(第2版)』みらい，2009年
大豆生田啓友・渡辺英則・森上史朗『保育方法・指導法』ミネルヴァ書房，2012年
厚生労働省『保育所保育指針解説書』フレーベル館，2018年
天野珠路・埋橋玲子『新 保育士養成講座第1巻　保育原理（第2版）』全国社会福祉協議会，2015年
高山静子『環境構成の理論と実践　保育の専門性に基づいて』エイデル研究所，2017年
田中まさ子『新時代の保育双書　保育原理（第3版）』みらい，2014年
文部科学省『幼稚園教育要領解説』フレーベル館，2018年
無藤隆『幼児教育の原則　保育内容を徹底的に考える』ミネルヴァ書房，2009年

第9章
遊びと保育の関係を学ぶ

☞ 遊びのなかで子どもたちは心と体の発達に必要な経験を積み重ねています。遊びを中心とした保育が重要であるとされていますが，幼児期にふさわしい遊びとはどのようなものでしょうか。そして，子どもたちの遊びを保育者はどのように支えていけばいいでしょうか。この章では，幼児期の遊びの捉え方と充実した遊びを引き出す保育者の援助や環境構成について考えていきます。☜

1. 幼児期にふさわしい遊びとは

　子どもはよく遊びます。乳幼児期の子どもにとって遊びは生活そのもので，日々の生活の多くが遊びによって占められています。子どもたちは遊びを通して心を動かし体を動かし，さまざまなことを学んでいます。しかし，どんな遊びでもどのような取り組みでも学びが得られ，さまざまな力を育めるのかというとそうではなく，遊びが子どもたちにとって主体的で充実した取り組みでなければさまざまな学びには結びつきません。「幼児の自発的な活動としての遊び」を中心に展開されることが幼児教育の基本とされています。子どもが周囲の人たちとの集団生活の中で，能動的に周囲の環境に関わり，興味・関心をもったことをやってみる，自分の力でやり遂げたいことに繰り返し取り組む，好きな遊びに夢中になって取り組むといった経験の数々が，幼児期の学びや育ちには欠かせないのです。
　では，遊びを通して得られる学び（学習）や育ち（発達）とはどういったものでしょうか。次の年長児の事例から考えてみましょう。

【事 例】
　「今日もドッジボールやろう」「うん」「私も入ーれーて」「いーよ」などと誘い合いながら，何人かの子どもたちが園庭に出ていく。ゲームを始める頃には15人ほどが集まっていた。誰にいわれるでもなく近くにいる友だちと2人組で「じゃんけんぽん」と勝ったか負けたかでチーム分けを始める。

ゲームが始まり、ボールを投げたり身をかわしたり走り回ったりなど、夢中になって楽しむ姿がある。勝負がつくと勝った子たちは大喜び、負けた子たちは悔しがり「もう1回」と口々に声を上げる。そして、じゃんけんでチームを決め直してまたゲームを始める。何度も繰り返す中で、ボールを投げるときに勢いをつけ「シュッ」といいながら投げる子どもがいる。投げたボールは逃げようとして後ろを向いた子に当たる。それをみた子どもが「おー」と声を上げると、投げた子は得意げな顔をする。別の子たちも「シュッ」といいながら素早く投げることを楽しむようになった。

　戸外で仲間とドッジボールを楽しむ事例です。毎日繰り返し遊ぶことで、みんなで「ドッジボールをしたい」という目的に向けて、ルールやチーム分けなど集団遊びに必要な要素を学習し、自分たちで遊びを展開し楽しんでいる様子がうかがえます。ドッジボールには、投げる、走り回る、機敏によけるなどの動きを身につける、ルールを守って取り組む、友だちと協力して勝とうとする、声をかけ合うといった学びが挙げられるでしょう。
　「幼稚園教育要領」や「保育所保育指針」、「幼保連携型認定こども園教育・保育要領」には、園生活の中で身につけていくことが望まれることとして、「ねらい」と「内容」が示されています。遊びの中でみられる具体的な姿を、子どもの発達の側面から示した各領域のねらいと内容に照らし合わせてみましょう。子どもたちは進んで戸外で遊ぼうとしています。さらに、十分に体を動かし楽しんで取り組んでいます。これは領域「健康」に該当する姿です。また、日常的に友だちと誘い合って自分たちでチーム分けを始める姿や、その場にいる子どもたちでルールを共有して繰り返し取り組む姿、勝ち負けによって仲間と喜んだり悔しがったりする姿がみられます。これは、友だちと協力して一緒に活動する楽しさを味わう、友だちと喜びや悔しさを共感し合うといった領域「人間関係」でねらう姿です。「シュッ」と言いながらボールを投げる姿は、自分のイメージを動きや言葉などで表現する楽しさを味わう領域「表現」の姿としてとらえられます。
　このように、遊びには発達に必要なさまざまな内容やねらいを達成するための経験が含まれています。子ども側からすると無自覚な学びで、遊びたいから遊ぶ、楽しいから遊び込むといった遊ぶことそのものが目的なのですが、ひとつの遊びを展開する中でも、子どもたちはさまざまな能力や態度を総合的に身につけていきます。つまり、小学校以降の教科でみられるような学びとは形態が異なり、幼児期の教育は遊びや生活を通して総合的に学んでいくということです。幼児期は楽しさを求めて多様な遊びを経験し、その取り組みの過程に学びが存在し、取り組みの結果として多様な学びが得られるのです。そのようにして積み重ねた学びが、「もっと知りたい」「もっと挑戦したい」といった意欲や、目標に向けて根気強く取り組

む力，自分の気持ちを調整しつつまわりの人たちとの関係を築く力など，小学校以降の学習や生活の基盤となるのです。

2. 遊びを支える保育者の役割

保育所や幼稚園，こども園での園生活において，子どもの自発的な遊びを十分に保障することが保育の重要な役割です。しかし，ただ遊ぶ時間と場所を用意して遊ばせておくことではありません。先の事例で，子どもたちだけでドッジボールを楽しんでいましたが，それに至るまでにはボール遊びへの興味を引き出す，どんなふうに遊ぶのかやり方やルールを伝える，「当たった」「当たってない」のいざこざを仲介するなど，保育者の関わりが存在していることでしょう。保育は，「幼児自身が活動することを通してさまざまな経験を積み重ね，発達に必要なものを身につけていけるように援助する営み」（文部科学省，2010：17）とされています。では，子どもたちが自分のやりたいことに取り組み，充実感や満足感が得られるには何が必要なのでしょうか。遊びにおける子どもの学びや育ちを支える保育者の援助を考えてみましょう。

(1) 信頼関係を築く
【事 例】

入園して間もない頃，玄関で母親と離れたくなくて大泣きしている子がいる。保育室では身支度もせずに，不安そうな表情でただ立ちつくしている子がいる。

園生活を始めたばかりの子どもたちによくみられる場面です。幼稚園や保育所，こども園は，子どもにとって初めて経験する集団生活の場です。それまでに保護者と一緒に安心して過ごしてきた家庭と変わり，新しい場所で見知らぬ人たちと過ごす園生活は不安や緊張，戸惑いでいっぱいです。このような時期に，遊びに目を向け自ら遊びだすことはむずかしいでしょう。まずは，安心して過ごせるように，園は楽しい場所なんだと感じられるように，保育者との関係を手がかりに信頼関係を築けるようにします。幼児期は，周囲の大人から見守られ認められているといった安心感をもち心が安定してくると，「楽しそう」「やってみたい」と心を動かされます。そして，周囲の人やものに働きかけ，自分から取り組もうとする能動性を発揮します。

また，遊びの中でも安心感が土台となって新しいことに取り組んでいる姿がみられます。たとえば，滑り台で遊びたいと思っても，高さのある不安定な場所は，最初は怖くて不安に感じるものです。このような場面では，近くで見守ったり励ましの言葉をかけたりする保育者の

存在や，友だちが滑り台で楽しく遊ぶ姿に安心して，登って滑り降りる行動に踏み出せることでしょう。

(2) 子どもを理解する

　自発的な遊びを前提に考えると，子ども自身がやりたいことがあるかどうか，興味・関心をもつ対象があるかどうかにかかっています。それは，遊具や用具，材料などの「もの」であったり，園庭や自然環境などの「場所」であったり，楽しそうに遊んでいる友だちや先生などの「人」であったり，対象はさまざまです。子どもたちが自ら遊びたくなるような対象を考える際に大切なのは，子どもと生活や遊びをともにしながら，今，一人ひとりの子どもが何に興味・関心をもっているのか，何に意欲的に取り組み，何を実現しようとしているのか，何に楽しさや面白さ，あるいはむずかしさを感じているのかなど，子どもの内面に目を向け，一人ひとり異なる個性や発達状況を理解することです。つまり，子どもの目線になって，子どもの思いや気持ちを理解しようと寄り添い受けとめることです。保育者は，このような「子ども理解」をもとにすることで，子どもの遊びたい気持ちを引き出し，取り組む遊びが発達に必要な経験に発展するように環境構成や援助を行うことが可能となるのです。

　では，次の遊びの事例で，子どもは何に楽しさを感じているのかを考えてみましょう。

【事　例】
　年長児がよくやっているサッカー遊びをみて，年中児も園庭の空いているスペースを使って6人でやってみることになった。チームに分かれゲームを始めたものの，ひとつのボールに全員が群がり，誰が蹴るかで揉めたり，ひとりがボールを蹴って進むと全員で追いかけボールの取り合いになったりしてゲームにならない。チームに関係なくどちらのゴールに向かって蹴っているかも気にしない様子である。

　年上児の遊びをみて同じことを「やってみたい」となることはよくありますが，年長児と同じようにボールを蹴って仲間と協力してゴールに入れる楽しさには達していないようです。チームやルールに関係なく，「ボールを蹴る」ということに魅力を感じ，とにかく自分でボールを蹴りたいという思いが強いことがうかがわれます。
　このような場面で，子どもたちが感じている楽しさやむずかしさをとらえ援助するとき，どのような援助が考えられるでしょうか。ルールを伝えることも援助になりますが，子どもたちの自分でボールを蹴りたいという思いを汲んで，ボールを増やしたりゴールを増やしたりすることがひとつ考えられます。思い思いにボールを蹴ってゴールを決めることを楽しむうち

に，ボールを上手に蹴る動きやコツが身につき，ボールを強く蹴ると遠くに転がるなど加減を知るようになるでしょう。そのうちパスをしたりしてひとつのボールでみんなと一緒にゲームを行う楽しさに気づき，本来のサッカーの楽しみ方に近づいていくことが予想されます。

【事 例】
　運動会でやったリレーをみんなでしようと年長児の子どもたちが提案し始めると，年中，年少児も「やりたい」と集まってきた。
　年長児のひとりが全員を2チームに分け「ここに並ぶんだよ」とリードするうちに，リレーが始まってしまう。年長児と年中児たちは1周走ってバトンを渡したり，いまかいまかと順番を待ったり，走っている子を応援したりする姿がある。年中児のなかには前走の子が来ないうちに相手チームにつられて一緒に走りだす子がいる。年少児は応援する姿を真似て跳びはねて応援する姿もみられるが，並んでいる場所で地面に何かを描いたり，順番を待っているうちにどこかに行ってしまったりする子もいる。そのうち，リレー遊びはなんとなく終わっていった。

　今度は異年齢での「リレー遊び」でみられた姿です。年齢によって走力が異なることもですが，楽しみ方やリレーのやり方に対する理解度が異なることがわかります。しかし，走る順番やチームで競う面白さを理解できていないものの，年上児の遊びに混ざってリレーをしたい，リレーの雰囲気を楽しみたいといった低年齢の子どもたちの気持ちもみられます。
　遊びが発展していく過程には段階があり，年齢によるまたは個々の発達段階もあります。その時々で子どもたちが感じる楽しさが異なることから，保育者は子どもの楽しさを汲み取り，必要な援助や働きかけを行っていきたいものです。

(3) 保育を実践する（環境構成と遊びの援助）

【事 例】
　絵本の読み聞かせで忍者の話をきいて，「忍者になりたい」という子どもが数人いる。ある子どもは話の中で忍者が行っていたように手裏剣を作って飛ばしたいという。別の子は忍者になって園庭で修業をしたいという。

　この事例では，「忍者になりたい」という気持ちは同じでも，子どもがどのように忍者になって楽しむかは異なる様子がみられます。子どもの感じ方，受けとめ方はそれぞれで，一人ひとりの興味・関心や意欲が満たされるようさまざまな場や空間，遊具や材料などを準備

第9章　遊びと保育の関係を学ぶ　　95

し援助していきたいものです。

　子どもたちが主体的に遊びに取り組んでいくためには，興味・関心が引き出され自ら関わりたくなるような魅力的な環境が必要です。魅力的な環境を構成するには，子どもの内面を理解し，興味・関心や意欲に沿うように準備することだけでなく，発達状況から子どもが自ら環境に関わることを通して子どものどのような力を育みたいのかを意図し計画的に環境を構成することも大切です。先に述べたように，環境には「もの」や「場所」，「人」などあらゆることが含まれ，保育者も環境の一部です。保育者も魅力的な環境となるように，子どものモデルとなって遊びに積極的に参加し，保育者自身が思いきり楽しむ姿から子どもの意欲を引き出していきましょう。

　子どもは楽しければ繰り返しその遊びに取り組みます。遊びの充実に向けて，遊び込む時間とともに取り組んでいる遊びの楽しさや面白さが広がるように環境を再構成していくことも大切です。また，子どもだけではやりたいことができなかったりうまくいかなくて諦めてしまったり友だちとトラブルになったりして，遊びが停滞し遊びたい意欲が満たされないまま終わる場合も多くあります。そのようなとき，保育者がその時々の気持ちを受けとめうまくいかない部分の手助けをしたり遊び方を提案したりすることが子どもの継続的な意欲や遊びの発展につながるでしょう。

【事　例】
　園庭で思い思いに遊んでいるなか，2人の子どもが三輪車に乗って前後に連なって走っていた。築山から一気に降りたり園庭の真ん中をジグザグに走ったりし始め，他の子どもとぶつかりそうになってひやひやする場面も出てきた。
　それをみていた保育者は他の遊んでいる子どもを避けるようにしてじょうろの水で線を描き「ぽっぽー，線路ですよ」と声をかける。2人は三輪車で線の上を走り始める。そのうち，他の子どもたちも加わり，三輪車で後に続いたり，線路を横切ろうとする子どもに対して「カーンカーンカーン」と踏切役になったり，保育者が線路の途中両手でトンネルを作ったりして，大勢で電車遊びを楽しむようになった。

　園庭で思い思いに遊ぶ子どもたちが安全に遊べるように行った保育者の援助です。安全面に配慮するために危ないから三輪車遊びをやめるよううながすのではなく，三輪車で遊びたい気持ちを尊重し，安全な環境をつくりつつ楽しい電車ごっこに発展させています。
　遊びを支える保育者の援助は，遊びを見守る，環境を工夫する，助言する，励ます，一緒に参加するなど多岐にわたります。子どもが何を楽しんでどのような気持ちを抱いて遊んで

いるのかを常に見取って必要な援助を行い、さらに行った援助や環境構成について、関わり方は適切であったか、子どもの実態に即した環境であったか、計画した保育のねらいや内容は適切であったかなどを振り返り、次の保育実践に生かしていくことも大切です。

(4) 遊びを指導する，伝承する

　幼児の自発的な活動としての遊びの重要性をもとに、遊びを中心とした保育を展開するために必要な保育者の役割を述べてきました。遊び中心の保育とは、自発性が大事といっても子どもに任せて放っておくということではなく、「遊びを通しての指導を中心として」展開されることです。保育における指導とは、保育者が子どもに何かを教えるといったことだけでなく、子どもが自らやってみようとする自発性を重視しつつ、まわりの人との関わりや遊びの様子から子どもの内面を汲み取って学びや育ちの可能性を探り、子ども自身が成長しようとする力を意図的に伸ばしていく行為を指します。

　子どもの自発性を尊重しつつ、保育者はどの程度自分から働きかければいいものなのかむずかしく感じることがあると思いますが、遊びの指導のなかで、遊びのルールややってはいけないことなどの決まりを教えたり、やったことのない遊びを教えたりなど、必要に応じて保育者が主導して働きかけることが必要なときもあります。

　園では、室内でずっと折り紙やお絵描きをして遊ぶような遊びに偏りがみられる子どももいるでしょう。また、年齢が進むにつれ個々に遊びに取り組むこと以上に集団遊びを通して身につけて欲しい学びも出てくるでしょう。自発的に取り組んでいる遊びにおける子どもの学びや育ちを尊重しつつ、遊びの幅を広げることも保育者の役割となります。しかし、いくら楽しい遊びでも、経験がなければその楽しさを感じることはできません。子どもが幅広く遊びを経験できるよう遊び内容を豊富にしたいとき、クラスでの一斉活動を活用することが有効です。クラスみんなでひとつの遊びに取り組み、遊びの魅力やみんなで遊ぶ楽しさを経験することで、「またやってみたい」「もっと遊びたい」という意欲につながり、主体的に遊ぶときに取り入れられることが期待されます。

　少子化や遊び環境の変容により、子どもが地域で群れて遊ばなくなった、遊びが伝承されなくなったといわれる現代において、園生活を通じて友だちと一緒に群れて遊ぶ経験や経験する遊びを豊かにしていくことは、さまざまな学びや育ちが得られるという側面からも貴重な機会となっています。保育者は遊びを伝承する役割を担っているともいえるでしょう。

引用・参考文献

文部科学省『幼児理解と評価』ぎょうせい、2010年、p.17

カフェタイム（コラム）④

「不思議だな」と思う気持ちを大切にする保育

　幼児教育で行われる教育は、保育者が一方的に知識を教えるというものではありません。子どもたちは遊びを通して充実感を得たり、仲間と協力をして気持ちを共有したり、仲間との気持ちの衝突からさまざまな感情を経験することで自分以外の他者の存在を意識し、自分の主張を通そうとしたり、自分の気持ちに折り合いをつけるなど、多面的に学んでいます。また、遊びを通してイメージを広げて、想像力を豊かにしたり、想像したことを実現しようとしたりする行動力など、生き生きと遊ぶ姿がみられます。遊びには人間の発達において重要な要素がたくさん詰まっています。

　夏のある日、T保育園の年少クラスでは大きな虫かごに集まってなにやら話をしている保育者と子どもたちの姿がありました。以前、園庭で採ったカタツムリの虫かごの中に置いておいた土の上に、丸くて白いものがたくさん落ちています。そのことに気づいた子どもたちが集まっていたのです。その丸くて白いものはポコッ、ポコッとゆっくり、カタツムリの首から出ているようです。子どもたちは「うんちじゃないの？」「でもカタツムリのうんちって白いの？」「これは首からでてるよ、うんちじゃないよ」「たまごじゃない？」と話をしています。担任のマチコ先生は、あえてカタツムリの卵であること、カタツムリが首の横から産卵することを伝えません。子どもたちは、丸くて白い不思議な物体を、その後数日間観察し、カタツムリの赤ちゃんが孵化する様子を見守りました。

　大人が知っていることを子どもに伝えることは簡単ですが、この場面のように子どもが不思議なものに出会った時、あれこれと想像を巡らせ、自分の経験に基づいて推測をしたり、友だちの意見を聞いてさらに自分の発想を展開させたりすることは、自ら思考する力を育てることにつながります。物事に対して「なんでだろう」「おもしろい」と感じる気持ちを育てようとする保育者の「見守る保育」は、大切な教育の態度です。「この白くて丸いものはなんだろう、どうなるのだろう」という気持ちが大切にされたことで、カタツムリの卵が孵化し、カタツムリの成体になるまでの過程を毎日楽しみに観察することができたのです。もし、大人が知っていることを何でも子どもに伝えてしまえば、不思議に思う気持ちはしぼんでしまい、自分で考える機会や、ワクワクしながらカタツムリを見守る気持ちは奪われていたでしょう。

　大人が何気なく子どもに教えてしまう知識も、一つひとつ丁寧にみていくと、子どもが想像したり考えたりするきっかけとして保育活動に生かすことができるかもしれません。

第10章
幼児とのコミュニケーションを実践する

> ☞ 私たち人間は，言葉を操り思考を巡らせ，他者と意思疎通できる力をもっています。その力を，子どもの頃から他者との関わりの中で育んでいくために，保育者ができることは何でしょうか。ここでは，保育者として幼児とコミュニケーションをする上で必要な知識や留意事項について学び，さらには保育者と子どもだけでなく，子どもと保護者，子どもと子ども同士のコミュニケーションをつなぐ役割について考えていきましょう。☜

1. 幼児とのコミュニケーション

(1) 予測不可能な時代に生きる子どもたちに必要な力

　保育者として幼児とコミュニケーションを実践するにあたって，改めて考えてほしいことがあります。保育者を目指しているならば，誰しも「子どもを教育・保育したい」「将来こんな人になってほしい」「○○ができるようにしたい」という思いをもっているのではないでしょうか。そのような保育者の思いとは裏腹に子どもが勝手なことをすると，「どうしていうことを聞いてくれないの？」という苛立ちにつながってしまうかもしれません。保育者の子どもに対する理想や期待が強すぎると，"教え込み"や過剰な援助へと陥ってしまう恐れがあります。そこで，子どもが自分の行動を"させられている"と思うことなく，自ら判断し行動できるように工夫していくことが必要です。この，保育者として子どもの自主性を促すことが何より大切でむずかしいのです。

　メディアの発達や社会の変化により，今後予測不可能な未来が待っている今，どのような状況になっても他者と協力し合い，自分たちで問題解決していける力を身に付けていかなければなりません。そのため，子どもたちの自主性を伸ばし，他者との良い人間関係を築くことのできる社会性を育むことが，子どもたちを守ることにつながっていきます。そのことを意識した上で幼児とコミュニケーションする時に大事にしたいことは，まずは子どもが自分で考

え，自分の言葉で語ることができるようにしていくことです。しかし，子どもが自分の言葉で語るには時間もかかり，おとなの頭では考えられないような言葉も出てくるかもしれません。その時は，子どもが考えるプロセスにおいてヒントを与えるなどし，"見守る"姿勢をもつこと，おとなの常識と異なる子どもの言葉をすぐに否定するのではなく，受容することが大変重要です。

(2) コミュニケーションの始まり

　幼児とのコミュニケーションについて話す前に，まずは言葉が出る前のコミュニケーションについて理解しておく必要があります。

　ヒトは生まれてすぐに産声をあげ，1カ月頃には呼吸を伴い「アー」「ウー」等の声を出します。これをクーイングといいます。この頃はもちろん言葉のやりとりはできませんが，赤ちゃんは泣くという手段を使って自分の要求を相手に伝えるのです。それも，声や表情，全身を使ってさまざまな泣き方をします。養育者は赤ちゃんの泣いている様子をみて，「おなかがすいているのかな？」「おむつをかえてほしいのかな？」といった具合に，赤ちゃんの気持ちを読み取り，その要求に応えようとします。赤ちゃんが伝えようとし，それを養育者が読み取り，応える―もし赤ちゃんが訴えた要求と養育者の対応が一致すれば，2人の気持ちは通じ合ったということになるため，これこそコミュニケーションの第一歩であるといえるでしょう。また，授乳の際には，赤ちゃんが飲む⇒休む⇒飲む…としているのを，待つ⇒揺する⇒待つ…というようにリズムを合わせ，「おいしいね～」と声をかけることによって，赤ちゃんと心を通じ合わせることもできます。このような，愛着関係にある養育者とのコミュニケーションによって，子どもは人とやりとりをする楽しさを感じることができます。最近，育児の際に声掛けをあまりしない家庭があることを耳にしますが，たとえ言葉が話せなくても，子どもが全身で訴えていることを読み取り応えることによってコミュニケーションが成立し，愛着関係はより一層強くなります。そしてそれは，子どもの言葉の発達を促すためには重要な体験であるということを，子どもを育てるおとなは十分に理解しておくことが必要です。

　1歳～1歳半頃には，初語（特定の事柄と結びついた意味のある語）があらわれ，指さしや一語文がみられるようになります。子どもによって，または場面によって一語に込められる意味は異なります。たとえば子どもが車を見て，「ブーブー！」といった時，「あそこに車がある」ということはもちろん，「あ，お父さんが車に乗ってる」「僕も車に乗りたい」などと，さまざまな意味を含んでいます。保育者として，「そうだね，あれは車だね」「あれはトラックだよ」と物と名前を一致させようとするだけでは，子どもの言葉の発達にとって物足りないでしょう。子どもの背景やその場面全体を踏まえた上で，子どもが伝えようとしている意味をとらえ

て言語化することで，子どもは自分が伝えたかったことの的確な表現を知ることができると同時に，親しいおとなに自分のいいたいことが伝わったという喜びにつながっていきます。その喜びは，次も表現したいという気持ちにつながっていくはずです。子どもは単に，単語を覚えるためだけに言葉を発しているのではなく，親しいおとなに伝えたいことがあるから言葉を発しているということを忘れないでほしいと思います。

(3) 年齢に応じたコミュニケーション

　保育では子どもの発達に応じた援助をしなければならないことはもちろんですが，コミュニケーションにおいても，それは同じです。保育者は子どもの言葉の発達段階をよく理解し，個人差も考慮した上で，子どもにとって必要なコミュニケーションをとることが求められます。

　2歳頃には，食事や衣服の着脱・排泄等の自分の身の回りのことを自分でしようとする意志が芽生え，歩行が自由にできるようになることから，探索意欲が増し，目に映るあらゆる物に好奇心をもって働きかけていきます。また，その頃は頭に思い描くイメージを他のものを使ってあらわすという，象徴機能が発達してくる時期なので，物とその意味を一致させる行為がみられるようになります。それは，「これなーに？」という質問による確認行為であり，おとなはそれに対して丁寧に答えていくことが大切です。時にはわかっている物でも繰り返し指さし，「これなに？」と聞いてくることもあるでしょう。もちろん子どもは物の名前を覚えるために何度も何度も聞いているというわけでなく，ようやく言葉でおとなとやりとりできるようになったことを喜び，その気持ちを味わうために行っているのです。「さっきもいったでしょ」などと疎ましく思わず，やりとりできる喜びを一緒に感じてください。この時期にやりとりをしっかり楽しんでおくこともまた，子どもの言葉の発達をうながすことにつながっていきます。

　3歳頃には，多語文となっていき，簡単な順序や因果関係をあらわす文を話すことができるようになっていきます。語彙は爆発的に増えていくため，子どもは話したいという気持ちは溢れていますが，たくさんの言葉の中から適したものを選ぶには時間もかかるので，聞いているおとなとしてはもどかしく思うかもしれません。ここでも，我慢，"見守り"が重要です。もし，子どもがいおうとしていたことを先にいってしまったり，適当な相づちをしたり，矢継ぎ早に質問をしたりするなどして子どもを焦らせてしまうと，話す意欲は削がれてしまいます。子どもの自主性を育むためには，自分の言葉で伝えようとしている気持ちを大事にし，多少時間をかけても自分の言葉で話せるように，待つ心の余裕が必要です。

　4歳～5歳頃になると，日常生活に必要な言葉はほぼ使えるようになり，集団で遊ぶことも

増えるため，仲間という存在が非常に大きくなります。そこで，仲間と遊ぶためのルールを守ったり，新しく作ったりして，自分たちで遊びを広げていく姿が多くみられるようになってきます。これまでは親しいおとなとの会話中心でしたが，だんだん子ども同士の会話が増えてくるでしょう。ただし，子ども同士で会話をするには表現する力や聞き取る力がまだ十分ではなく，おとなのようにすぐに理解はしてくれないので，話す側は相手にわかりやすく伝えるように工夫し，聞く側も相手が伝えようとしていることを一生懸命理解しようとします。そこで保育者は，会話の中に入っていくというよりは，子どもたちの会話がつながるように援助したり，集団遊びを積極的に取り入れるなどしながら，子ども同士の人間関係形成を促したりするとよいでしょう。とはいうものの，子ども同士での会話の中では，主張がぶつかり合ったりけんかをしたりすることも起こってくるはずです。けんかはよくないことと思ってしまうかもしれませんが，社会性を身に付けていくこの時期の子どもたちにとって，とても重要な体験です。このけんかについては，後程詳しく述べていきます。

(4) 幼児の"いま"を支えるコミュニケーション

　私たちは，勉強ではテストで良い点数を取ることが求められ，スポーツでも勝つことが求められてきたため，自然と結果を求める考えが身に付いています。子どもをもつ保護者からは時々，「つかまり立ちはできるが，なかなか歩き始めない」「自分の子どもは3歳になるが，まだわずかな一語文しか話せない」など，子どもの"できない"ことをとても不安がる声を聞きます。また，幼稚園等では行事を成功することに目が向けられ，上手くできない子どもに対して怒鳴りつけて指導している光景を目にすることもあります。とある保育所での発表会の本番中に，ひとりの園児Aくんが鍵盤ハーモニカを落としてしまうということがありました。あなたがもし近くにいる保育者だとしたら，どのように対応するでしょうか。この場面では，近くにいた保育者はすぐさま子どもの所にとんでいき鍵盤ハーモニカを拾い上げ，続きを演奏させました。ところが，別の場所からみていた保育者は，他の園児Bちゃんが鍵盤ハーモニカを拾ってあげようとする姿をみていたのです。結果的に保育者が拾ってしまったのですが，もしこの場面で発表会を成功させるという目的のみに執着することなく，子どものさまざまな成長をみせることを目的としていたならば，他の子どもが拾うところを"見守り"，発表会の後で「Bちゃんがすぐに鍵盤ハーモニカを拾ってあげたおかげで，Aくんも演奏を続けることができたよ」とBちゃんの行為を認めてあげることもできたのではないでしょうか。このように，結果に注目しすぎてしまうと，子どもの育ちの一番大切なプロセスがおろそかになってしまうことに注意しなければなりません。子どもの姿を見守り，その行為を認める言葉かけをすることが，幼児の"いま"必要なコミュニケーションであり，その瞬間を保育者は逃

さないように，子ども一人ひとりの言動や周りの状況を常に観察しなければなりません。それは他でもない，子どものことを理解している親しいおとなだからこそできるということを自覚しておかなければなりません。

2.「言葉による伝え合い」の姿を育むために

　2017（平成29）年告示「幼稚園教育要領」では，「幼児期の終わりまでに育ってほしい姿」の中で，「言葉による伝え合い」という項目があります。「伝える」ということは，自分の気持ち・意思を相手に伝えようとする意欲，的確な語彙や相手に伝わりやすい表現を選ぶ力が必要です。聞く側は，単に聞くだけではなく，相手の言葉に応答しなければならないので，相手が伝えようとしている事柄を読み取り，自分の考えに結び付け，応答する内容や表現を考えなければなりません。つまり，聞く側は受け身であるということはなく，どちらも能動的な行為なのです。

　「伝え合う」というと，良い雰囲気の中でというイメージが想像されるかもしれませんが，この態度を身につけるためには，良い雰囲気の中だけでなく，時にはけんかのように相手と意見がぶつかり合う場面を経験することが大変重要です。もしけんかを経験していない子どもがいたとしたら，その子は自分の気持ちを十分に「伝える」ことができておらず，相手の本当の気持ちを知る術も知らないままになってしまいます。ぶつかるからこそ，相手と自分の考えの違いに気づくことができ，そこを乗り越えようと努力することで，自己を拡大することができるのです。おとなになると，他者の考えを受け入れるということはより一層むずかしくなるでしょう。最近よくテレビで，若者世代対年寄り世代という番組を目にしますが，互いの価値観を言い合い，相手側への不満をぶつけている姿をみると，相手の考えを認めて自己を拡大していく力は，やはり子どもの方があるとつくづく感じます。子どもはぶつかりながらも，相手を取り込もうとします。そうして，ただ自分の気持ちをぶつけるだけでなく，時には譲歩をしたり，条件を出して折り合いをつけたりと，だんだんと相手とうまく人間関係を築けるようになっていくのです。ここで子ども同士でよりよい人間関係を築いていこうとする力は，これからあらゆる人と関わっていく子どもにとって重要な糧となるでしょう。

　そうはいうものの，実際に現場で子ども同士がけんかをし始めたら，保育者としては止めなければと考えて当然だと思います。どうすればよいのでしょうか。けんかは止めるものだという考えならば，「やめなさい」の一言で終わるでしょうが，ここでは「言語化⇒整理⇒共感」が大切です。子どもは，相手にしてほしいことなどをうまく言葉で伝えることができず，手が

出てしまったりちょっかいを出してしまったりすることがあります。その時は，それぞれの子どもが何を伝えようとしていたのかについて耳を傾け，「こうしてほしかったの？」と言語化を試みましょう。順を追って話していく中で，子どもは自分が伝えたかったことを整理し，再確認することができます。そうして，じゃあどちらの方が悪かったのかという結論を出すのではなく，保育者は互いの意見を受け止め，共感し，その意見の違いをどう乗り越えていこうかと一緒に考えていくのです。おとなであれば，一度意見がずれてしまえば修復まで時間がかかるかもしれませんが，子どもは自分の気持ちが受け止められた後は，さっぱりとまた元のように一緒に遊ぶでしょう。

3. 保護者と子どものコミュニケーションの架け橋に

　園で保育者や他の子どもたちとのコミュニケーションを充実させることはもちろん重要ですが，家庭での保護者と子どものコミュニケーションを豊かにすることも，保育の専門家として取り組んでいってほしいと思います。子どもは毎日園舎で過ごす中で，日々新しい興味・関心をもち，家に帰ってから話そうと試みたりしますが，うまく伝わらないこともあるでしょう。保護者としても，今その子が体験していることや，その子の周りで起こっていることを知らなければ，子どもの伝えようとしたことを拾いきれず，会話の広がりを狭めてしまうかもしれません。そこで，今園で取り組んでいる行事や子どもが興味をもっていることの情報を，保護者に発信することは，大変有意義であるといえます。それによって，子どもが家に帰って保護者に伝えようとしたことについて，未完成な言葉でも汲み取りやすくなるので，保護者はそれに応答することができ，保護者と子どものコミュニケーションを広げることができるでしょう。もし内容がわからなければ，おとなは「そうなんだ」と適当に相づちをするにとどまってしまうかもしれません。情報を共有することによって，保護者と子どものコミュニケーションをつなぐ架け橋となることは，子どもの成長において大切な時間を一緒に過ごす保育者としての重要な役割なのではないでしょうか。

　しかし，子どもの言葉の成長を感じる中で，「他の子どもは語彙も増えてきたのに，この子はなかなか増えない」「自分から話そうとしない」といった子どもとも出会うかもしれません。保護者はもちろん自分の子が心配なので，他の子どもと比べて劣っているところを見つけては，「うちの子はまだできない」と嘆く声も聞こえてきます。自分から話そうとしない子どもの原因には，小さい頃から家の中でコミュニケーションしていなかったり，テレビばかりみせていたりしたことや，本人の性格ということもあるので，過剰に反応しすぎることは子どもに

とってプレッシャーになってしまいます。周りに「あなたはできない子」とレッテルを貼られてしまうと，せっかく無限にあった子どもの可能性をつぶしてしまい，レッテル通りの子どもになってしまう恐れもあります。保育者としては，子どもが成長する速度には個人差があり，発声には性格も影響するということを説明することで保護者の不安を取り除き，園での情報を発信し家庭でのコミュニケーションを増やしてもらうように働きかけていき，子どもへのプレッシャーを少なくすることが必要です。その中で，園での子どもの言葉の発達の様子や，家での発話の様子について情報共有しながら注意深くその子の様子を見守っていき，もし改善がみられないようであれば他の先生に相談し，最終的には保護者や専門機関と連携しながら原因を探っていくということになるでしょう。成長の遅れについて気になることがあった際に子どもに自覚させてしまうと，子どもの話す意欲の低下につながってしまうことを，保護者にも理解してもらうことが大切です。

4. 外国のルーツをもつ幼児とのコミュニケーション

　厚生労働省の人口動態統計（確定数）の概況によると，2017（平成29）年に日本で出生した子どもの中で約2%，つまり50人に1人の割合で父母のどちらかが外国籍をもつことがわかっています。よって，幼稚園・保育所・こども園の中には外国のルーツをもつ幼児が在籍していることも多いといえるでしょう。もし保育者が偏見をもっていたり接し方を間違えたりすると，他の子どもにも影響し，結果的に外国のルーツをもつ幼児が心をふさいでしまうなどの恐れもあります。保育者として，あらかじめ関わり方の留意点を知っておくことは重要です。

　はじめは，言葉の通じない子どもたちと，どのようにコミュニケーションをすればよいかと戸惑うかもしれませんが，たとえ言葉がなくても，お絵かきやダンス，おにごっこ等，ジェスチャーで説明できたり，他の人がやっているのをみて簡単にまねできるようなことはいくらでもあるので，積極的にそのような遊び等を行い，外国籍をもつ子どもも一緒に参加させるべきです。まずは，「ここに居場所がある」ということを本人が自覚し，子どもたちにも，他の子どもと同様に遊べる友だちなんだと認識させることで，園で安心して生活するための土台となっていきます。またその遊びの中で，他の子どもたちが話す「遊びや生活に必要な言葉」を自然と耳にすることができます。ただし，使用語彙になるまでは時間もかかる上，母語の子どもたち以上に自分から日本語を発するということに自信をもてない子どももいます。そこで，挨拶や単語等少しでも日本語が出てきたら，保育者は子どもの言葉を認め，自信をもたせていくことが大切です。さらには，いつも他の子どもたちに日本語を教えてもらうばか

りでなく，反対に子どもたちの前で，自国の言葉を紹介してもらうなどすることによって，自信をつけていくこともできるでしょう。

　ひとつ気をつけなくてはらならないのは，外国籍をもつ子どもの母語の習得についてです。子どもは園でどんどん日本語を学んできますが，家庭で話すのは外国語，あるいは日本語と外国語を両用していることも多いのです。そのため，保護者の母語も重視しておかなければなりません。子どもが日本語ばかり身に付けてしまうと，保護者とコミュニケーションをとることがむずかしくなり，子どものアイデンティティも危ぶまれます。生活に必要な日本語の援助も行いながら，先述のように子どもたちの前に立って自分の母語を教えるという機会を設けるなどしつつ，母語の素晴らしさの自覚をうながすことによって，子ども自身に，日本語だけでなく母語も大切であるということを意識させることは忘れてはならないでしょう。

第11章
幼児教育とメディアについて学ぶ

☞ 第11章では，幼児教育とメディアの関連について学びます。昨今では幼児教育のあり方に変化がみられるようになりました。それはメディアが保育現場に入りこんできたからです。しかしメディアの普及で幼児や保護者がどのように関わればよいのか考える必要が生じてきました。そのためメディアの普及の変遷と，その課題についてしっかり学んでおきましょう。☜

1. 幼児向け教育番組の変遷

(1) ラジオ放送の開始と幼児教育番組の登場

　公共放送を行っている「日本放送協会」（以下，NHK）では，1925（大正14）年より，ラジオ放送を開始しました。10年後の1935（昭和10）年には，全国に広がっていき，幼児向け番組として「幼児の時間」がスタートしました。「幼児の時間」では，当時の幼稚園や家庭向けの朗読や物語，音楽，生活指導などが放送されました。

(2) ラジオ放送からテレビ放送へ

　第二次世界大戦後，ラジオ放送に代わり1953（昭和28）年よりはじまったテレビ放送が中心になると，幼稚園や保育所向けの番組が放送を開始しました。その番組は「人形劇」（のちの，「こどもにんぎょう劇場」）と「みんないっしょに」です。この2番組は，幼児を対象として定時に放送された番組となり，当時の幼児たちに人気番組として放送されました。

　戦後，日本のこれまでの教育制度は新しく生まれ変わることになりました。幼稚園は学校教育法に基づく学校として，保育所は児童福祉法に基づく「児童福祉施設」としてそれぞれ保育活動が行われるようになりました。1956（昭和31）年になると，それまでの「保育要領」に変わり「幼稚園教育要領」が制定されました。「幼稚園教育要領」により，幼児教育における健康，社会，自然，言語，音楽リズム，絵画製作の6領域から構成されていることが明確

化されました。

(3) NHK 人気番組「おかあさんといっしょ」「セサミストリート」の登場

　幼稚園教育要領が制定されると，この6領域に基づいた放送が行われるようになりました。NHKでは1960年代以降にNHK教育テレビにおいて毎週月曜日から土曜日まで，毎日幼児向け番組が放送されるようになりました。1959 (昭和34) 年には長寿番組である「おかあさんといっしょ」の放送が始まりました。この番組は，幼児教育の可能性を広めることにつながりました。家庭におけるテレビの普及とあいまって，同番組は，多くの幼児に視聴されました。また幼児らが通園する幼稚園や保育所においても番組の利用が急速に普及しました。また1969 (昭和44) 年になると，同じ長寿番組である「セサミストリート」が放送開始となり，英語を題材とした新たな幼児向け番組も登場しました。

　このように，日本の幼児向け番組は急速に広まることになりました。

(4) 低年齢幼児対象番組の登場—「できるかな」「ばくさんのかばん」「おーい！ はに丸」—

　1970年代に入ると，幼児向けの造形番組として，「できるかな」の放送が始まりました。

　ノッポさんとゴン太君をメインキャストとして，両者の掛け合いを演じながら，幼児に向けて身近にあるものを使用して工作する楽しさを伝える内容でした。オープニングの曲の「できるかな，できるかな…」というフレーズを幼児らが口ずさむほどの人気番組に成長しました。同番組は開始から20年にわたる長寿番組としていまでも知られています。また民間放送においても，「ピンポンパン」や「ひらけポンキッキ」(いずれもフジテレビ) などの登場により，幼児向け番組が最盛期に入ることになりました。

　NHKでは，1980年代になると，「ばくさんのかばん」や「おーい！ はに丸」などが登場しました。前者はおもに「数と言葉を学ぶ」番組として，後者は「おもに3歳児向け番組」として放送されました。1970年代では，幼稚園や保育所の3歳児在籍率が増加したことや，数や文字に対する興味や関心への高まりがみられました。さらには4, 5歳児向け番組を3歳児にみせている保育施設も少なくありませんでした。すなわち保育現場の要求にこたえる番組製作が行われることになりました。

(5) 時代の変化に対応した幼児向け番組

　1990年代になると，「幼稚園教育要領」や「保育所保育指針」が相次いで改訂され，NHKの幼児向け番組も大きな改編が行われました。「幼児の発達の必要な体験を得るような適切な教育環境」が重要視されるようになり，それまでの6領域から「言葉」，「表現」，「人間関係」，

「健康」,「環境」の5領域へと変更されることになりました。これを転機として登場した番組には,「つくってあそぼ」,「しぜんとあそぼ」,「英語であそぼ」,「にほんごであそぼ」,「いないいないばあ」(0~2歳児向け番組)などがその代表です。

このころ登場した番組は,幼児の感性を育てるものであり,専門家の協力を得て番組作りがなされていました。さらにものの考え方を育てる番組として「ピタゴラスイッチ」や,体を動かして遊ぶ「からだであそぼ」なども登場しました。

(6) 幼稚園・保育所とテレビ・ラジオ幼児向け番組の普及

ラジオ放送からスタートしたメディアは,1950年代後半にテレビ放送が変化を遂げるようになり,幼稚園や保育所の幼児を対象とした番組が次々と登場しました。テレビ放送もカラー化すると,カラーテレビが急速に普及し,ビデオ録画機器によるビデオ録画機能の充実化が進みました。日本の昔話やディズニー映画などを題材としたビデオ教材も利用されるようになりました。

幼児向け番組は,このようにして時代の変化に対応しながら,改編がくりかえされました。とりわけ1990年代になると,幼児教育や保育における直接体験重視の傾向が高まりをみせるようになりました。またテレビゲームの流行により,社会問題にもなりました。しかしメディアはさらに普及を続け,CDやDVDなどで楽しむことができるようになりました。幼稚園や保育所・認定こども園の園児を中心に幼児向け番組は,今もなお放送されています。

2. メディアとしての児童文化財

(1) 電子メディアからアナログのメディアまで幅広い教材

メディアは,テレビやラジオ放送だけではありません。みなさんが将来就職することになる保育・教育現場においてもメディアは存在しています。保育の現場は子どもたちにとっての集団生活の場所でもあります。そこでは子ども同士の関わりをはじめ,保育者と子どもの関わり,保護者と保育者と関わりなど多くの人間関係がみられます。実際の保育現場には,パソコンをはじめとするコンピュータを設置しており,時間や使用方法などのルールを決めながら,子どもたちが活用しています。お絵かきソフトやひらがなを覚えるソフトなどさまざまです。このような電子メディアも保育現場には広く存在していますが,情報を得たり,表現するためであれば,遊具をはじめ,絵本,紙芝居,ペープサートや,エプロンシアター,パネルシアターなどの教材もそのひとつになります。

第11章 幼児教育とメディアについて学ぶ

(2) 児童文化財とはどのようなものか

では，このような教材を何とよんでいるでしょうか。それは一般的に「児童文化財」としてよばれ，子どもたちに親しまれています。

児童文化財とは，子どもの身の回りに存在する諸事象や諸事物のことです。具体的には①おもちゃ，遊具，②遊び，③書籍（絵本や児童文学など），④お話，⑤マンガ，⑥テレビ，ビデオ，⑦ラジオ，⑧紙芝居，⑨児童劇や人形劇，⑩映画，⑪音楽などがあてはまるといわれています。この児童文化財を通して，子どもは園生活において，保育者らとの信頼関係を深めながら，安定していくものであり，情緒のより所を獲得することになるといわれます。また友だちとの活動もいきいきとさせることになり，社会性が生まれてくるようになります。

児童文化財には「観たり聞いたり読んだりするもの」と「遊びの内容が文化財となるもの」に分かれます。前者では，お話や絵本，紙芝居や人形劇，エプロンシアター，パネルシアターやペープサートなどが代表的なものです。また後者では，劇遊びや言葉遊びがこれにあてはまります。

(3) 児童文化財の特徴

ここでは，代表的な児童文化財について，その性格や特徴をみていきます。

① 「お話」

お話は，「素話」ともよばれ，聞き手は語り手の目や表情をよくみながら聞きとることになり，語り手の思いやりや人格が反映されることで，お互いの絆が深まることになります。さらに視覚的な制約がないことからも，言葉に自然に集中して話を楽しむことができるようになり，聞き言葉から自由にイメージを作り出すことが可能となります。

② 絵 本

絵本は，早い時期から言葉と絵に接することができ，絵本は繰り返し見たり，聞いたり，読んだりすることで，創造力や表現力が養われます。絵本には子どもの発達段階や季節などにより，その選び方にも特徴があります。絵本には「物語絵本」や「知識絵本」「事物絵本」「文字のない絵本」「しかけ絵本」「バリアフリー絵本」などがあります。「絵本の読み聞かせ」は読み手と聞き手のコミュニケーションを通して想像力や感受性を育み，言葉を獲得することにつながっています。

③ 紙芝居

紙芝居は，何枚かの子どもたちに絵をみせながら，演じ手が話しながら進めていくものであるといわれます。戦時中には「街頭紙芝居」が流行となり，語り手のおじさんが，自転車の荷台に紙芝居を載せて，上演するシーンがよくみられました。今では，ほとんどみられなく

なり，幼稚園や保育園，認定こども園などで扱われることが多いです。集団で作品を楽しむことのできる文化財です。伝えたい内容とねらいが明確に示されており，ほかには，戦時中に子どもらの戦意高揚のために上演された「国策紙芝居」などが知られています。

④ 人形劇

人形劇は，人形を扱いながら，表現する演劇といわれます。江戸時代からの「人形芝居」がルーツであり，現在では，パペット，マリオネットなどに分類されています。子どもたちは，互いに感情や思いを言葉で表現し，楽しむものです。

⑤ パネルシアター

パネルシアターは，古宇田亮順といわれる僧侶が開発した児童文化財のひとつです。パネル布を貼った舞台に絵や文字を貼ったり，外したりして進めていくものであり，見たり聞いたりしていくうちに，興味や関心が高まることで，集中力や観察力，創造力，話す力，考える力が生まれ，協調性や感受性も育つようにもなります。クリスマスの時期にライトアップなどで雰囲気を楽しめるような「ブラック・パネルシアター」が，幼児から大変人気があるものとして知られています。

⑥ エプロンシアター

エプロンシアターは舞台にみたてた，エプロンの胸のうえで，人形を出しながら，みている幼児らを楽しませる児童文化財です。これは中谷真弓が考案したといわれています。エプロンには，いくつものマジックテープが張られており，そこにマジックテープのついた人形などを張り合わせていくものです。エプロンの両サイドにはポケットがついており，そこから必要に応じて，人形をとりだし，マジックテープのところに張り付けて楽しみます。出す順番を間違えたりしないようにすることが大切で，幼児のみえないところにテーブルを配置し，その上に順番に人形を用意しておくのも方法のひとつです。時間があれば，実習などで使うことのできる「マイ・エプロンシアター」も，子どもたちに親しまれるため，つくるのもよいでしょう。

⑦ ペープサート

ペープサートは，正式には，"ペーパー・パペット・シアター"とよばれています。日本語では「棒人形劇」ともよばれ，僧侶の永柴孝堂によって開発されました。それは，歌や絵本，童話などをもとに，イメージしたものを表現することができます。ペープサートは，割りばしと画用紙，テープがあれば，簡単に製作でき，幼児自らつくって遊ぶこともできます。

(4) 劇遊びと言葉遊び

つぎに遊びの内容が児童文化財そのものになるものを紹介します。

① 劇遊び

劇遊びは，絵本や紙芝居などが手掛かりになったり，普段のごっこ遊びなどに発展したりして，劇遊びになることが多いといわれています。すなわち，子どもたちがさまざまな役割を演じ，その役の立場になって行動し発言するため，子ども個々の思考力や判断力，理解力，表現力などを育てていく経験の場となるといわれます。また日常生活において児童文化財と出会い，それを積み重ねることで，感動体験をはじめ仲間との交流を生み出し，仲間が集い，劇遊びへと発展しています。劇遊びは，保育活動の集大成（まとめ）になるでしょう。

② 言葉遊び

言葉遊びには，伝承遊びや手遊び，歌遊び，カード遊びなどを通じて日々の生活のなかで楽しむことができます。音の面白さや響きを楽しんだり，物の特徴や生活である色や形を手掛かりに言葉を集めて遊ぶことで，言葉の豊かさを追求することになります。

このように電子メディアに頼らなくても，日本ではむかしからさまざまな児童文化財が存在し，さまざまな場所で活用されていました。古くから存在するアナログのメディアとも上手に付き合う必要があります。

3. メディアへの依存の危険性と注意の喚起

現代では，大人や子どもの周辺に，携帯電話やパソコン，インターネットなどのバーチャル・コミュニケーションツールが存在しています。このことで母親が赤ちゃんの授乳中に携帯電話のメールやSNSといったものに夢中になってしまう姿や，ファミリーレストラン，駅の待ち合い施設などで，幼児を横に座らせながら，母親はメールに熱中している様子をよくみることがあります。アタッチメントといわれる赤ちゃんとの生身の接触をしないといけない時期に，接触を試みなかったり，みえない相手との会話を楽しむことは避けなければなりません。

保育者は，子どもにとってよいものはどれで，よくないものはどれかを判断することのできる眼をもつことが求められることになるでしょう。

4. 子どもの遊びとメディア―メディアの正しい活用―

　よいメディアとの付き合い方とはどのようなものでしょうか。昨今では，英語をとりいれた幼稚園・保育所も増加しています。執筆者がよく知っている，ネイティブの英語講師と幼稚園教諭が，多くの園児らに対し，英語が出てくる DVD やフラッシュカードを音読しながら，学習したりしています。CD をかけながら，歌を歌ったり，歌を題材としたあそびなどが行われたりすることもあるようです。

　さらにはタブレット端末である iPad を使用し，子どもたちが興味・関心のあるものを自由に調べ，iPad の画面上に指を置き，画面を拡大，縮小させたりなど，資料をみつけるために探し出すことができます。iPad によるこの作業で，目標をみつけることができると，子どもたちは満足し，さらに関心のあるものを調べようとする姿こそが，学びの姿であると感じることでしょうか。

　現在においては，「保育内容（環境）」や「保育内容（人間関係）」のなかで，教育機器の活用や ICT 教育の実践が重要視されています。教育機器を通じて，子どもたちはさまざまなことに取り組むことが求められています。

　メディアを通じた保育は，子どもたちの読み書きを助けるものとして，また遊び道具のひとつとして使用されたりしています。電子メディアが子どもたちに悪い影響をおよぼすといわれてきましたが，間違った使用をしなければ，保育現場でも電子メディアの可能性が今後さらに広がっていくことでしょう。

5. 今後のメディアと保育の課題―メディアリテラシーの獲得と保育者の専門性向上のために―

　メディアリテラシーとは，どのようなものでしょうか。メディアリテラシーとは，メディアからの情報を引き出すが，情報すべてを受け入れるのではなく，信用できる情報かそうでない情報かを見極めるまなざしをもつことを意味します。

　1997 年に教育職員養成審議会の答申において，幼稚園教諭に求められる資質能力のなかで，子どもたちの生きる力を育むために，将来必要になる能力のひとつとしてコミュニケーション能力，ネットワーキング能力，基礎的なコンピュータ能力とメディアリテラシーが重要であると指摘されています。

　とりわけメディアリテラシーについては，多種にわたるメディアが大人や子どもを問わず，

氾濫している点を指摘したうえで，情報を整理し，保育の場でメディアの選択をしていくことが求められることになっています。すなわち保育者の専門性のひとつにあげられてもよいものといえます。

このような時代だからこそ，生身の身体を通じて遊ぶ経験が大切なのであり，生きていることを実感することのできる瞬間を保育の中でみていかなくてはならないものであると考えられます。

引用・参考文献

田中卓也・藤井伊津子・橋爪けい子・小島千恵子編『明日の保育・教育にいかす子ども文化』渓水社，2016年
小平さち子「幼児教育におけるメディア利用の課題と展望—2008年度　NHK幼児向け放送利用状況調査を中心に—」『放送研究と調査』2009年7月号
中坪史典編『児童文化がひらく豊かな保育実践』保育出版社，2009年
川勝泰介・生駒幸子・浅岡靖央『ことばと表現力を育む児童文化』萌文書林，2013年
小川清実編『演習児童文化—保育内容としての実践と展開』萌文書林，2010年

カフェタイム（コラム）⑤

子どもと保育者との関係構築～目と目を合わせて語りかけること～

　乳児は泣くことでいろいろな思いを保育者に伝えています。子どもが泣いている時は「おなかがすいたのかな」「うんちがでたのかな」「暑いのかな」「抱っこしてほしいのかな」「眠たいのかな」等，子どもが発する欲求やメッセージを受け止め，子どもの気持ちに寄り添うことが大切です。

　9カ月で入園してきたMさんは，入園当初，初めての場所や初めての人に不安を感じている様子でした。担任のS先生が抱っこをしても，身体をのけぞらせて嫌がります。入園してしばらくはおやつも玩具も受け取りませんでした。眠たくてうとうとしても，不安からか眠りが浅く，少しの物音にも反応してすぐに目を覚ましていました。マキ先生はまず，Mさんの気持ちに寄り添うこと，目と目を合わせて優しく語りかけることを意識して過ごしました。「慣れないところだから不安だよね。お母さん，仕事が終わったら来るからね」「今日はお天気がいいね。気持ちが良いからベランダで遊ぼうね」等，信頼関係を築くために，愛情を込めてMさんの気持ちに寄り添うように努めました。少しずつですが，今日はおやつを食べてくれた，今日はぐっすりお昼寝をしてくれた，今日は姿がみえなくなったS先生の姿をハイハイで追っていた，というようにS先生とMさんの関係が築かれてきました。入園から3週間が過ぎた頃，Mさんは安心できる場所だと感じたのでしょう。マキ先生から離れ，玩具の方へ向かい，保育者の手作りの玩具を手に取って遊ぶようになりました。今では，登園すると笑顔で保育者と一緒にお母さんを見送るMさんの姿がみられるようになりました。

　入園当初の子どもたちは，保護者と離れる寂しさと不安や，いつもと違う人や環境への戸惑いから泣き出すことが多くあります。それは裏を返せば，子どもと保護者との間に愛着関係が築かれているからこそ現れる反応です。保育者は子どもが過ごす環境が心地よいものであるか，自分の接し方が子どもたちの欲求や思いに応えられているかを省察しながら保育をすることが大切です。

　また，子どもと同様に保護者も，慣れない環境に子どもを預けることに不安を感じています。子どもが心地よく感じる園環境を整えることはもちろんですが，保護者に対しても安心して子どもを預けられるように配慮することが大切です。保育者は保護者との情報共有を心がけ，共に子どもの成長を見守り支えるパートナーとして保護者の子育てを支援することも求められています。

第12章
保育計画とは何か、考え方を学ぶ

☞ 保育者を目指している皆さんは，どのような時に計画を立てるでしょうか。これまでの経験から考えるとテストや試験勉強，学園祭などのイベントなどがあげられるかもしれません。たとえば，テストで目標の点数をとるために，試験に合格をするために，学園祭の成功を目指すなど，それぞれのゴールのために，計画を立て行動していたと思います。時には，現状から計画を見直して修正したこともあったのではないでしょうか。目標を達成するために，計画がとても重要な役割を担っています。
　保育においても計画は，とても重要なものです。保育の目標は，指針や要領によって定められていますが，どのような道を作って保育をするかは園や保育者に託されています。保育の道すじや方法を表した計画を作成するときに，計画をたてることがなぜ必要なのか，どのようなことが大切になるのかみていきましょう。☞

写真12-1　まきば保育園
（写真提供）まきば保育園（青森）

1. 保育の計画の必要性

　保育の目標は，法や条例，「保育所保育指針」「幼稚園教育要領」「幼保連携型認定こども園教育・保育要領」によって定められています。幼児期の教育は「人格形成の基礎を培う」ものであり，とても重要な時期の教育です。また，「幼児期の終わりまでに育ってほしい姿」が2017（平成29）年の改訂で明記され，子どもを育てる方向性は決められています。目標や方向性は明記されていますが，どのような道すじをたどればいいのかという具体的な方策は，各園に任されています。そのため，園ごとの保育の計画や指導計画が必要になってくるのです。

　園の土台となる保育の計画は園長が中心となって作成しますが，指導計画は保育者が主に立てます。保育計画の作成に頭を悩ませることは多いと思いますが，次のような良い点があります。

(1) 子どもの「今」と，保育者の「思い」のバランスを見直し整理できる

　子どもたちは生活や遊びの中で，やりたいことを見つけ挑戦したり，没頭したり，ときには葛藤しながら学んでいます。子どもの生活や遊びで学べる環境を創るには，保育者がどのような内容を大事にして保育を計画し構成するのかで大きく変わります。たとえば，子ども同士の協同を大事にしたい，というときには，子どもたちが「楽しい」「面白い」と関心をもてる活動があることで友だちと一緒にやってみようという気持ちになります。また，子どもひとりでは「ちょっとむずかしい」と思える内容だと，誰かと協力したり一緒に考えようとすることも期待できます。このように「こんなことをしたら楽しいかな」という思いや願いを込めて作った計画を，作成した後に一度自分で見直してみてください。計画を見直すと，「今の子どもの姿」をとらえられているかどうかを確認することができます。計画を見直す時は，子どもはどのようなことに意欲や関心をもっているのか，子どもが安心・安定する生活リズムの中で無理なく保育者の意図や考えを盛り込めているかなどという視点でみるといいでしょう。保育者の願いが強すぎて，子どもにとって無理がある内容になっていないかをチェックし，子どもの思いと保育者の思いのバランスを整理しましょう。バランスがとれているかをチェックできる点は，計画を立てる良さといえます。

(2) 計画を立てた保育者自身が見通しをもつことができる

　計画を立てることで，保育の見通しをもつことができます。1日の流れ，1週間の流れ，1カ月の流れ，といった具合にこれからすることのイメージをもつことができます。頭の中でイメージしているときは，不足している部分や配慮に気付けないこともありますが，一度計画を作成してみると，客観的にみることができ，改善すべき点や補いたい点もみえてきます。

　このほかにも，計画作成をすることで保育の流れがイメージできると保育者自身の不安の解消につながります。次に行う保育の内容の見通しがあると，実際に行ったときの子どもの反応や様子が異なっても，計画を基本にしながら臨機応変に対応することができます。そのため，大きな混乱はなく対応することができます。しかし，次の保育の内容がわからないと保育者自身が不安になり，保育者の不安は子どもたちへ伝わります。計画を立てることで，心に余裕をもち保育をすることができるのです。

(3) 他の保育者からみて，何をするか理解できる

　計画は他の保育者と連携を図るうえで，とても重要な役割を担っています。保育の計画を共有できることで，「どのようなねらい」をもって「どのような内容」を計画しているのかが，他の保育者（他のクラスの保育者や主任，園長など）にわかります。自分の保育の計画を他の人

にみてもらうことで，自分が意図する内容を理解してもらえます。他者にみてもらうと計画作成時に自分では気付かなかった点を指摘してくれることもあれば，よりよい保育を実践するために援助者として保育を手助けしてくれることもあります。また，自分のクラスの保育だけでなく，他のクラスの保育計画をみることで，遊具や園庭を使う時間を重ならないように配慮ができたり，ときには一緒に活動する内容を組み込むことも可能になります。計画は，他のクラスや他の保育者と連携を図るための相互理解にとても役立つものです。そのため保育計画を作成する時には，他者がみてもわかりやすい計画になるように，必要なポイントを過不足なく書くことも求められます。

このように保育の計画を作成することには，さまざまなメリットがあります。実習生が立案する指導計画は，なにより実習生自身が保育の見通しをもてるように，そして，担当保育者が見通しをもち実習生がフォローできるように，という利点もあるでしょう。実習生の皆さんは，担当になった子どもたちの姿をよく観察し，保育の計画に生かせるようにしてください。

実習生の皆さんが立案するのは指導計画のみですが，保育の場にはさまざまな計画があります。次に，保育にはどのような計画があり，どのような考えをもって計画を作成するのか，みていきましょう。

2. 保育の計画の種類

保育の計画には，各園で行う保育の全体像を示した「全体的な計画」，保育内容の具体的な内容が示されている「指導計画」，そして「その他の計画」があります。

(1) 全体的な計画

「全体的な計画」は，各園の保育の基盤となる保育全体を指す大きな計画です。2017（平成29）年の改訂で，幼稚園でも保育所でも認定こども園でも全体的な計画を作成することになりました。全体的な計画には保育だけでなく食育や安全計画，地域との連携，小学校との連携についても記されます。

幼稚園教育要領には「教育課程」という言葉がでてきます。教育課程とは，全体的な計画の中でも軸となる幼児教育の中心的内容についてまとめたものです。幼稚園では，教育課程を中心として保育が計画されます。

また，旧保育所保育指針では「保育課程」という言葉がありましたが，現指針では「全体

的な計画」と名称が変わりました。そのため，保育所では全体的な計画を中心に保育を計画・構成します。

幼保連携型認定こども園教育・保育要領には，「全体的な計画」も「教育課程」も記載されています。それは，中心となる保育時間は「教育課程」から構成されるものととらえているからです。中心となる保育時間が終わった後も園で過ごす子どももいます。その時間の保育に関しては，全体的な計画によって示されています（表12-1）。

表12-1 全体的な計画 保育所（例：B4サイズの縮小版）

全体的な計画（保育課程）

保育理念					目指すこども像				
保育方針					保育目標				
保育所の社会的責任	人権尊重				地域交流と説明責任			個人情報の保護と苦情解決	
	発達過程とクラスの相関性				地域の実態に即した事業				
子どもの保育目標	6カ月未満	6カ月－1歳未満	1歳未満－1歳6カ月未満	1歳6カ月－2歳未満	2歳		3歳	4歳	5歳
養護　生命の保持									
情緒の安定									
教育　健　康									
人間関係									
環　境									
言　葉									
表　現									
食　育									
保護者支援					安全計画				
小学校との連携					研修計画				
職員の資質向上への取り組み									

（出所）筆者作成

(2) 指導計画

全体的な計画から，さらに保育について具体的にしたものを指導計画とよびます。指導計画には長期指導計画と短期指導計画があります。

〈長期指導計画〉

長期の指導計画は，1年間の保育の計画を示した年間指導計画と2～3カ月先の保育の計画である期ごとの計画（期案），そして，1カ月単位の月の指導計画（月案）があります。園によっては年間と期の計画がひとつにまとまっている場合もあります（表12-2）。

表 12-2　長期指導計画【年間計画】(例：B4 サイズの縮小版)

歳児　年間計画

年間目標					
期		1期 (　月―　月)	2期 (　月―　月)	3期 (　月―　月)	4期 (　月―　月)
養護	生命の保持				
	情緒の安定				
教育	健　康				
	人間関係				
	環　境				
	言　葉				
	表　現				
環境構成					
援助と配慮					
食　育					
保護者の支援					

(出所) 筆者作成

〈短期指導計画〉

　短期指導計画は，週の指導計画（週案）や1日の指導計画（日案）をいいます。月の指導計画で立てたねらいや内容を1週間ごとに区切り，具体化したものが週の指導計画です。また，週の指導計画からさらに1日ごとのねらいや内容を立案し，どのような流れで行うかを示したものが1日の指導計画になります。

〈個別の指導計画〉

　乳児は一人ひとりの発達差が大きいため，クラスの指導計画の他に個別の指導計画も作成します。一人ひとりの育ちにあったねらいと内容，配慮を記載します。

　また，特別な支援が必要な子に対しても，個別の指導支援計画を立案することがあります。場合によっては，関係機関（発達支援センターやことばの教室など）と連携を図ることもあるでしょう。その場合は，保護者と関係機関と園で連携をはかり，園での生活がその子にとって過ごしやすいものとなるように配慮した計画を立てる必要があります。

(3) その他の計画

　その他の計画は，幼稚園，保育所，認定こども園でそれぞれ異なります。幼稚園には，教育課程に係る教育時間の終了後等に行う教育活動の計画である預かり保育の計画や，学校保健計画，学校安全計画があります。

保育所には，保健計画，食育計画等があります。職員の研修計画も全体的な計画に関連付けながら行われます。また，保育所を利用している保護者に対する子育て支援等の計画や延長保育の計画，行っている場合は夜間保育・休日保育の計画も必要です。

　幼保連携型認定こども園には，学校安全計画，学校保健計画，食育の計画，子育て支援事業等として行う活動のための計画，延長保育の計画があります。また，保育所と同様に夜間保育や休日保育などを行っている場合にはそれらの計画も必要になります。

写真12-2　富士見保育所
（写真提供）富士見保育所（青森）

3. 保育の計画の基本となるポイント

　実際に保育の計画を作成するときに，基本となるポイントがあります。それは大きく分類すると，以下の3つが挙げられます。
　(1) 子どもの発達を理解する。
　(2) 子どもの実態を把握する。
　(3) 家庭や地域のニーズを把握する。

(1) 子どもの発達を理解する

　年齢ごとの一般的な発達について理解しておくことは，保育の計画を立てる時の参考になります。各年齢や月齢で，できることとできないことがあると知ることは子ども理解の第一歩です。しかし，その平均的な発達はあくまでも参考であると理解しておきましょう。平均的な発達に沿うことを重要視すると「まだできていない」ととらえがちになります。そうすると，子ども個々の育ちがみえなくなってしまいます。発達には個人差があることを念頭におきましょう。

(2) 子どもの実態を把握する

　目の前にいる子どもたちは，どのような個性をもっているのかをよく観察しましょう。それぞれ個性があり一人ひとり違う良さがあります。どのような遊びの場面で，それぞれの個性が光るのかをみてみてください。たとえば，室内でじっくり集中した遊びをするとき，身体を

動かして遊ぶときまた，集団で遊ぶとき，など子どもそれぞれに生き生きと遊ぶ場面がたくさんあります。子どもたちの遊びの姿がわかると，次に経験して欲しいことや楽しんでほしいこと，学んでほしいことといった具合に「ねらい」にしたいことがみえてきます。子どもたちの実態を把握することは，特に短期指導計画を作成するときに役立ちます。

(3) 地域や家庭のニーズを把握する

園が設置されている地域の人たちや園に通う保護者はどのようなニーズや期待をもっているのでしょうか。保育園を開放して地域交流を活発にしたいのかもしれませんし，もっと保育園で遊ぶわが子の姿をみたいという要望もあるかもしれません。子どもを園で育てていく上で地域や家庭との連携は必要不可欠なものです。園の方針を理解してもらうことや相互に協力し合い子どもを育てていくためにも，地域の方や家庭と情報交換をすることがとても大切です。

写真12-3　まきば保育園
(写真提供) まきば保育園 (青森)

また，地域の文化は場所によって異なります。その地域だからこそできる遊びもたくさんあります。保育に地域の文化を反映することで，その文化の良さを知ることもできるでしょう。

地域や家庭のニーズを把握することで，園として地域や家庭とどのように連携するかという方向性を考えることができます。このような内容は，主に全体的な計画や長期指導計画に反映されます。

保育の計画の基本となるポイントは，園の保育者の立場としてまとめたものです。実習生としての指導計画の作成にも役立てるポイントとして，①子どもの発達を理解する，②子どもの実態を把握する，という2点は，すぐに実践できると思いますので参考にしてください。

4. 保育の計画の考え方

それでは，ここから幼稚園・保育所・認定こども園ごとに保育の計画の考え方に触れ，その特徴をみていきたいと思います。

(1) 幼稚園における保育の計画の考え方

幼稚園で子どもが過ごす時間は4時間と，保育所や認定こども園に比べて短いです。この

4時間を子どもにとって充実した濃密な時間とするために，存分に遊べる環境とは何か，子どもたちの興味・関心が生まれる機会とはどのような時か，年齢や時期に合う学びとは何か，必要な援助や大人の関わり方について，個人と集団の育ちについてなどを考え，保育を構成することが求められます。

また，入園したばかりの幼児は初めて集団に入ることが多いため，個人差もあり家庭での生活経験で差があります。幼稚園には3歳から入園することができますが，3歳児の時期は自我が芽生え始める頃でもあり，個人差もあります。そのため，家庭での状況や生活を聞き，一人ひとりの子どもの状況を踏まえて，幼児の生活の仕方やリズムを尊重することが大切です。

(2) 保育所における保育の計画の考え方

保育所は0歳から6歳までの生活が連続しています。また，養護と教育を一体的に行う施設ですので，養護と教育の区切りがあるわけではありません。対象が乳児でも幼児でも保育には養護的な側面も教育的な側面もあります。発達や生活の連続性を考慮しながら，資質・能力を育む保育を展開していくことが保育所保育に求められています。

保育所の保育時間は1日8時間を原則としていますが，保護者の労働時間や家庭の状況等によっては保育時間が異なります。早朝保育，延長保育，夜間保育，休日保育などを実施するときには，日中の保育よりも子どもの人数が少なくなることから保育者の人数も減ります。長時間の保育になることで，子どもの疲れがみえたりや体調の変化が起こることもあるでしょう。夕方の時間帯は特に，保育者の人数が少なくなっても安全に，そして，子どもが安心・安定して過ごせるようにあらかじめ留意して計画を立てましょう。

(3) 幼保連携型認定こども園における保育の計画の考え方

幼保連携型認定こども園は，①満3歳以上の園児の教育課程にかかる教育時間を利用する子ども（1号認定），②満3歳以上の保育を必要とする子ども（2号認定），③満3歳未満の保育を必要とする子ども（3号認定）が通える施設です。幼保連携型認定こども園は，各家庭の要望や意向に沿って多様な保育を行える施設なのです。地域に住む子育て家庭のそれぞれのニーズにあった保育を期待して通える施設として，子育て支援の機能も担っています。

よって，幼保連携型認定こども園の全体的な計画には，①1号認定，2号認定の教育課程，②2号認定の保育の計画，③3号認定の保育の計画の3種類が中心として記されます。1号，2号，3号の保育の計画のほかに，子育て支援の計画，学校安全計画，学校保健計画，食育の計画等が含まれます。また，子育て支援の内容の計画や行っている場合には延長保育，夜間保育，休日保育，それぞれの計画も必要となります。

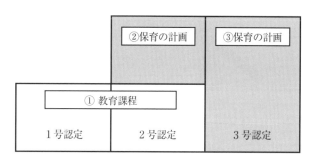

図12-1　幼保連携型認定こども園　保育の計画のイメージ

　幼保連携型認定こども園の保育を行うにあたり，子どもの在園時間の違いがあっても生活が安定するように，きめこまかな配慮が必要です。入園した時期の異なる子どもが同じクラスにいると，集団生活の経験に差がでます。そのため，子ども一人ひとりが生活の中で困っている内容が異なるため，保育者の援助の仕方にも違いがでます。子ども一人ひとりの生活の流れを把握し，寄り添った対応ができるように，計画を作成するときにも配慮や援助をしっかりと考えるようにしましょう。

　幼保連携型認定こども園の3歳以上児の生活に着目すると，途中で区切られる場面ができてきます。たとえば，1号認定の子どもが降園する時に，教育時間から保育時間へと変わる時間があります。また，夕方の決められた時間からは延長保育になり，異年齢の合同保育が始まる時間もあります。生活の流れに区切りがあることを理解しながら，子どもが混乱しないように他の職員と連携して保育をする必要があります。生活の連続性が保てるような配慮も計画に含めるといいでしょう。

5.　カリキュラム・マネジメントとの関連

　幼稚園教育要領，幼保連携型認定こども園教育・保育要領には，「カリキュラム・マネジメント」という言葉が記されました。カリキュラム・マネジメントとは，計画（Plan），実施（Do），評価（Check），改善（Action）のサイクル（以下，PDCAサイクル）で，保育の向上を図ることを指しています。保育においてPDCAサイクルは，園全体の保育の向上という大きな枠組みでも，週・日・月など日々の保育をよりよくするためという意味合いでも取り入れられている考え方です。保育所保育指針にも指導計画の展開に「指導計画に基づく保育の内容の見直しを行い，改善を図ること」と具体的な計画の見直しと改善について書かれています。また，保育者の自己評価，保育所の自己評価を踏まえた上で，保育の内容の改善につなげ保育の質の

第12章　保育計画とは何か，考え方を学ぶ　　125

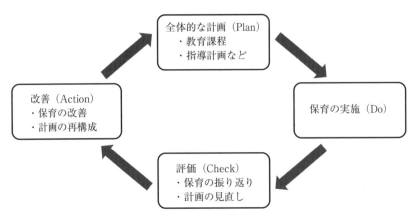

図 12-2　計画・実施・評価・改善 (PDCA) のサイクル

向上を図ることを明記しています。

　表記の仕方は異なりますが，指導計画をはじめとする具体的な計画の評価・改善を行っていくこと，その評価・改善を全体的な計画に反映し，よりよいものにしていくという展開は同じです。よい保育を行うために全体的な計画や指導計画を作成し実施した時に，その計画に沿って保育が適切に行うことができたかを振り返り，改善をします。このことと同時に，子ども・家庭・地域の実態などに沿った計画だったのかについても振り返りましょう。そして，より実態に即したものにするためには，どのような点を改善すればいいのかなどを話し合っていく必要があります。計画が先立ち保育が適切であったのかを評価・改善する観点と，保育からその計画が適していたのかを評価・改善するという 2 つの観点をもって，質の高い保育を行えるようにしていきましょう。

　近年は，異常気象や災害が多発しています。子どもの命を守れるように安全，防災意識を日頃からもち，災害発生時の対応や安全な環境の確保などを保護者や地域住民と共有できるように，対策などを計画にも盛り込んでいきましょう。

引用・参考文献

厚生労働省『保育所保育指針解説』フレーベル館，2018 年
内閣府・文部科学省・厚生労働省『幼保連携型認定こども園教育・保育要領解説』フレーベル館，2018 年
文部科学省『幼稚園教育要領解説』フレーベル館，2018 年

第13章 保育計画とは何か，指導案を立ててみよう

☞ この章では，指導計画とは何かということを踏まえ，保育計画の基本的な知識を学習します。指導計画の立案ができるようになるために，指導案の例を提示しています。実際の例をみながら，どのような点を修正していけば，適切な指導案が作成できるようになるのかについての解説を確認しながら，指導計画の書き方を学んでいきます。指導案作成のポイントをおさえて，自分自身で指導案が立案できるようにしていきましょう。☞

1. 保育計画とは

　保育計画には，幼稚園の教育課程，保育所の保育課程に基づいた長期指導計画と短期指導計画があります。長期指導計画には期間指導計画や月間指導計画（月案）があります。また，短期指導計画には，週間指導計画（週案）や1日指導計画（日案）があります。

　指導計画は現場ではよく指導案とよばれていますが，保育実践を行うために立てる計画です。保育では子どもたちの生活が円滑に行われるように，子どもに必要な経験や活動を促す

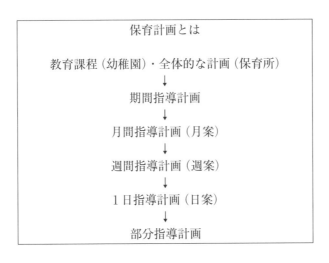

保育計画とは

教育課程（幼稚園）・全体的な計画（保育所）
↓
期間指導計画
↓
月間指導計画（月案）
↓
週間指導計画（週案）
↓
1日指導計画（日案）
↓
部分指導計画

ための計画が必要になります。実習では，細かい部分まで考えた指導計画案の立案が望まれますが，あくまでも予定であることを念頭に入れ，実際の子どもの様子や時間，天候等によって柔軟に対応していくことが大切です。

　指導計画を立案する際は，必ず担当保育者に相談しましょう。漠然と相談するのではなく，自分で前もって計画を立てていることが必要となります。そして，遅くとも，部分実習や責任実習の3日前には指導計画案をみてもらい，助言をうけるようにしてください。そのためにも，指導案はできるだけ早く立案し，担当保育者の助言をもらえるようにしましょう。

2. 指導計画案作成の基本

(1) 基本項目……年月日，曜日，天候，担当クラス，年齢，人数（男女比），実習生氏名
(2) 前日までの子どもの姿
　・遊び，子どもの興味や関心，クラスの雰囲気，子どもの体調等
(3) ねらい
　・保育のねらい（経験を通じて培ってほしいこと，保育者の願いなど）を子どもの立場に立って記入します。
(4) 内容（子どもが経験すること）
　・ねらいの達成に必要な子どもの経験や育てたいことを記入します。
(5) 時間
　・だいたいの時間や活動の区切りの時間を記入します。
(6) 予想される子どもの活動
　・全員の子どもが行う活動のみを書きます。
　・子どものマイナスな活動は予想されるとしても書かないようにしましょう。
(7) 環境構成
　・子どもに経験させたい活動が，十分に展開できるような環境状況を書きます。
　　（生き生きと活動できるようにするための雰囲気づくり活動に必要な道具や遊具の準備など）
(8) 保育者の援助・配慮
　・ねらいを達成するための援助や子どもの活動に沿った子どもへの配慮について保育者を主語にして記入します。

3. 指導計画と保育実践における留意点

　製作活動などで教材を準備するときは，数を間違えたり，失敗したりして，やり直しをする子どももいるため，必ず多めに用意しましょう。また，説明するときは，大きな声ではっきりゆっくりとした話し方を心がけてください。

　念入りに立案しても，実際にはなかなか予想通りにはいきません。保育の実践では，指導計画の流れに合わせることばかりに気をとられ，子どもに計画どおりに動くことを無理強いしないようにしましょう。その場合，あまり計画にこだわらずに，柔軟に対応しましょう。思いがけずすばらしい展開になったり，逆にまったくうまくいかなくなったりして泣きたい気持ちになるときもあるでしょう。いずれにしても，後で保育を振り返ってなぜそうなったのかを考えることが大切です。

　実習が終わったら，自分の保育を振り返り，自己評価を行いましょう。指導保育者からの評価及び助言を受け，足りなかった部分は素直に反省し，次の実習につなげましょう。

4. 指導案作成でのポイント

　指導案の作成では，担当するクラスの1日または部分的な指導案を立案します。また，一人ひとりの子どもたちがその発達段階において，必要な経験を得られるように計画します。

指導案作成のプロセス

事前の学習
（大学等の授業で学んだ内容，参考書による勉強）
↓
観察・参加実習
↓
実習園の指導計画の理解
↓

① 子どもの現状を理解する
② 保育のねらいを明確にする
③ どうすれば遊びを広げ，深めていくことができるか
④ もっと楽しく遊べるか
⑤ 発達の課題を明らかにする

```
⑥ 遊びのテーマを選ぶ
⑦ 主な活動を決定する
⑧ できるだけ具体的に子どもの動きを予測する
⑨ 必要な手立て（環境構成や助言・援助のポイント）を具体的に考え書き出す
```
↓
```
指導案作成
① まずは自分のできる範囲で立案する
② 担任の保育者からの助言
③ 今の子どもに適切であるか確認
④ 修正加筆を行う
＊制作の場合
　一人ひとりの作る早さが違うので，早く終わった子どもは何をするか，遅い子どもにはどのように援助するかなどの細案を考えておく
```
↓

指導実習

↓

反省・評価

5. 指導案作成の具体的な書き方

(1) 子どもの現状を理解

　前日までの子どもの姿の欄には，子どもが楽しんでいることや興味や関心をもっていることなどをとらえて書くようにします。

(2) 保育のねらいの立て方

① どうすれば遊びを広げ，楽しく深めていくことができるかを考えます。一人ひとりの興味や関心，発達に応じたものを考えます。

② 生活の流れや季節の変化などを考慮します。

③ 「保育所保育指針」(2017) では，ねらいは「子どもが保育所において，安定した生活を送り，充実した活動ができるように，保育を通じて育みたい資質・能力を，子どもの生活する姿から捉えたもの」となっています。

④ 具体的なねらいの設定は，子どもに何をさせるか，何をさせたいかを優先しないように注意し，正しいねらいの立て方を思い出し，適切なねらいが具体化できるように子どもの実態をよく把握しておくことが求められます。

―――――――――〈ねらいのキーワード〉―――――――――
教育：
 ～を味わう。～を楽しむ。～に親しむ。
 十分に～する。進んで～しようとする。自分から～関わる。
 深める。取り入れようとする。よく～する。
 ～を身に付ける。～を豊かにする。～が分かるようになる。～に気付く。
養護：（一人ひとりの子どもが）～ができるようにする。～過ごせるようにする。

（出所）開仁志『これで安心！保育指導案の書き方』北大路書房，2008年を参考

ねらいには，保育者の願いが反映されますが，主体はあくまでも子どもですので，主語は子どもとなります。

【例】
・友達と一緒にエプロンシアターを楽しむ。
・身の回りのことを進んでしようとする。
・遊んだ遊具を自分から片付けようとする。
・6月は雨の多い季節であることを感じながら絵本を楽しむ。

養護のねらいを立てる際は，保育者が主語になる書き方をします。

【例】
・一人ひとりの気持ちを理解し，安心して気持ちよく過ごせるようにする。
・一人ひとりの健康管理に気をつける。
・安全な環境の中で，一人ひとりの遊びを見守る。

(3) 内容の立て方

内容には，ねらいを達成するために具体的に何を経験したらよいかという内容を明らかにします。発達の課題を明確にすることが必要です。具体的な活動と，その活動から得られる経験を記載します。また，その時期にしか経験できないことを考えるとよいでしょう。なお，「保育所保育指針」(2017) では，内容は「ねらいを達成するために，子どもの生活やその状況に応じて，保育士等が適切に行う事項と，保育士等が援助して子どもが環境に関わって経験する事項」となっています。

```
┌─────────〈内容のキーワード〉─────────┐
│      ┌ ふれる。ふれ合う。親しむ。よろこぶ。感じる。気づく。     │
│      │ 知る。わかる。伝え合う。共感し合う。                │
│      │ 行う。行動する。活動する。取り組む。取り入れる。       │
│ 教育 ┤ 接する。試す。考える。工夫する。深める。見出す。       │
│      │ 表現する。想像する。気づく。分かる。                │
│      │ 生活する。関わる。支え合う。協力する。やり遂げる。     │
│      └ 気を付ける。守る。大切にする。                    │
│ 養護：対応する。努める。援助する。はたらきかける。            │
└───────────────────────────────────┘
```

(出所) 開仁志『これで安心！保育指導案の書き方』北大路書房，2008 年より抜粋

【例】
・エプロンシアター「お片付けできるかな」をみながら，答えを考えて発言する。
・友達と関わりながら生活することを通して，好きな遊びや活動に取り組む。

養護の内容については，保育者が主語になります。

【例】
・安全な環境を整え，一人ひとりの子どもの気持ちを受け止め，安心して生活できるように援助する。
・一人ひとりの子どもの要求に応えながら，適切な援助に努める。

(4) 子どもの動きを予想します

子どもを主語にし，子どもの動く様子を予想して書きますが，子どもの気持ちなどの内面は入らないことに注意してください。子どもの動きを予想するためには，実際に今まで関わった子どもの姿を思い出し，子どもの反応や動きなどを考えていく必要があります。

【例】
・友達と協力して砂でトンネルを作る。
・お芋掘りに関するお便りについての話を聞く。
・保育者の真似をして，体を動かす。

(5) 活動時間

子どもの活動ごとにどのくらいの時間が必要かを考えて記入します。1日の生活の流れを念頭に置き，時間配分を考えます。そのためにも，子どもたちがそれぞれの活動にどのくらいの時間が必要であるのか把握しておくことが必要です。

(6) 環境の構成

子どもに経験させたい活動が十分に展開できるような状況が作り出されるように，保育者が環境に対して行う働きかけです。

「幼稚園教育要領」(2017)には，「環境は具体的なねらいを達成するために適切なものとなるように構成し，幼児が自らその環境にかかわることによりさまざまな活動を展開しつつ必要な体験を得られるようにすること」とあります。前日の生活の様子を踏まえ，必要とされる園具，遊具，素材などの種類や数量を考えます。活動する場所や時間によってどのように組み合わせ配慮するのか，教材・用具などを活動の流れに応じてどう準備し，構成していくのかなどを図示します。また，保育をはじめるに際しての，物的なものだけではなく，時間的な状況，心理的な状況なども書き込みます。

(7) 保育者の援助・配慮点

乳幼児の活動が変化するのにともなって，保育者がどのような援助を行う必要があるのか，どのような点に留意して話したり行動したりするのかを記入していきます。主語は保育者となります。

たとえば，子どもの活動が「後片付け」の時に保育者はどのように動いたらよいのか。子どもにどんな声を掛けながら片付けるのか。片付けから外れてしまう子どもにはどのように対応するのかなどを書いていきます。

―〈保育者の援助・配慮点におけるキーワード〉―
- ～するように言葉をかける
- ～の手助けをする
- ～の方向付けをする
- ～するように誘いかける
- ～するように促す
- 気づくようにする
- 配慮する
- 興味・関心がもてるようにする
- 意欲的に取り組むことができるようにする

【例】
- 食事のマナーに気をつけながら，家庭的な雰囲気の中で，みんなで楽しく食事ができるように配慮する。
- 使った後は元の場所に戻し翌日も気持ちよく使えるようにする。
- 順次迎えの保護者を確認し，明日への期待をもって登園できるように親子に声を掛ける。

> 〈保育者の援助・配慮点におけるふさわしくないキーワード〉
> ・〜を教える　・〜をさせる

　子どもが主体であるはずが，保育者の思いが強すぎていつの間にか主体が保育者になってしまっている場面がみられることがあります。保育者主導の保育にならないように，保育者の思いを子どもに押し付けるような印象を与える言葉は避けましょう。保育者は子どもを従わせるために援助するのではありません。子どもが一人でできるようになるための援助や導きをすることが大切です。

(8) 反省・評価

　反省は感想ではありません。ただ楽しかった，良かったなどで終わらないようにし，保育の実践から何を学んだのかをまとめてみましょう。保育の実践では，指導計画の流れにあわせて，無理に子どもをひきまわしてしまわないようにし，計画通りに子どもの活動が展開しなかった時は，そのことが評価・反省され次の指導に役立てていけるように考えます。

　念入りに立案しても，実際にはなかなか予想通りにはいきません。その場合あまり計画にこだわらずに，柔軟に対応しましょう。思いがけず素晴らしい展開になったり，逆にまったくうまくいかなくて泣きたい気持ちになったりする時もあるでしょう。いずれにしても，後で保育を振り返ってなぜそうなったのかを考えることが大切です。

(9) その他

　文字は丁寧に書き，できるだけ漢字を使用します。漢字は必ず辞書を引き，誤字・脱字のないようにしましょう。一度注意を受けた字や書き方は，二度注意を受けることがないようにしてください。適度な大きさや字と字の間隔に気をつけて丁寧に書くことを心がけましょう。

　時間，予想される子どもの活動，環境構成，保育者の援助については，必ず連動していますので，横の行を揃えるようにしましょう。その際には，子どもの活動ごとに区切り，前後のスペースを空けるようにしましょう。常に読み手がみやすいということを念頭に置き，指導案を作成するように心がけましょう。

　指導案では，話し言葉ではなく書き言葉を使います。以下は実習生が使ってしまう話し言葉の例です。常に，読み手を意識した文章を書くことに努めてください。

例：
- すごく，とても→大変，非常に
- きちんと，ちゃんと→丁寧に，隅から隅まで行き届いて
- いろんな→さまざまな，いろいろな
- 面白い→興味深い，心が惹かれる，魅力的である
- びっくりする→驚く，動揺する
- だから→したがって，以上のことから
- でも→しかし，しかしながら
- わりと→予想外に，意外にも，思いのほか

6. 指導案例の提示と解説

(1) 運動遊びの指導案

日時	天候	対象児 たんぽぽ組 5歳児 男 児 9名 女 児 9名　合計18名	実習生氏名
年　月　日（　）	晴れ		○○　○○

前日までの幼児の姿	ねらい
遊びの目的や内容によって，いろいろな友だちと関わり，鬼ごっこやごっこ遊びなどを楽しむようになってきた。	身体を十分に動かし，友だちと協力して，ルールのある遊びを楽しむ。
	内　容
	ボール遊びを通して，友達と気持ちや呼吸を合わせ，体を十分に動かして遊ぶ。

時間	環境構成	予想される子どもの活動	保育者の援助・配慮
10：00	・ボール・ポール・たすきを準備し，十分な広さを確保する。〈準備物〉ボール2個，ポール2本，たすき2本，笛 ・子どもたちを男女混合で2チームに分ける。	○園庭に集まる。 ・実習生のまわりに座る。	・今から何が始まるのか，期待を持てるように，子どもの様子を見ながら準備をする。 ・ボールリレーが始まることを伝え，実習生のまわりに集まるように声をかける。
10：05	・実際に見本をみせて，十分に理解できるようにする。 ・どのようにすれば早くまわせるか，子ども同士で話し合える場面をつくる。	・ボールリレーの説明を聞く。 ・各チームに分かれて並ぶ。 ・アンカーはたすきをかける。（先頭の子ども）	・ボールリレーのルールを丁寧に説明する。 ・自分でたすきをかけられない子どもには，①たすきをかけてあげる。

10：15	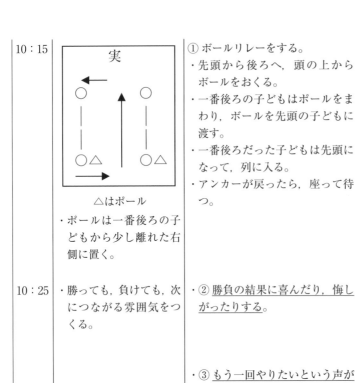 △はボール ・ボールは一番後ろの子どもから少し離れた右側に置く。	① ボールリレーをする。 ・先頭から後ろへ，頭の上からボールをおくる。 ・一番後ろの子どもはボールをまわり，ボールを先頭の子どもに渡す。 ・一番後ろだった子どもは先頭になって，列に入る。 ・アンカーが戻ったら，座って待つ。	・子どもの準備が整ったことを確認して笛でゲーム開始の合図をする。 ・ボールが転がったら，とりに行き，元の場所に戻って，次の順番の子どもに丁寧に渡すよう伝える。 ・前の子どもを押したり，ぶつかったり，していないか，危険のないよう見守る。 ・子どもが一巡し，アンカーが先頭に戻ったのを確認して，終了の笛を鳴らす。 ・勝負の結果を伝える。
10：25	・勝っても，負けても，次につながる雰囲気をつくる。 ・ボール，ポール，たすきを片付ける倉庫を開けておく。 ・ボールリレーの余韻を味わう時間を持つ。	・② <u>勝負の結果に喜んだり，悔しがったりする。</u> ・③ <u>もう一回やりたいという声があがる。</u> ・みんなでボール，ポール，たすきを片付ける。	・勝ったチーム，負けたチームの両方に，最後まで精一杯，取り組めたことに拍手をする。 ・負けたチームには「今度は勝つように頑張ろうね」と励ます。 ・使用した道具を丁寧に運ぶように伝える。 ・遊んでいる子どもには片付けの手伝いをするように声をかける。

○ 解　説

　指導案には，部分実習を行う年月日，天候，クラス名，在籍人数，出欠席者数を記入します。環境構成の欄には，保育活動が始まる前の状況づくりを具体的に書くことが必要になります。準備物がどこでどのくらい必要なのかを記入することが大切です。

　また，環境の構成は保育者が行うことなので，主語は保育者となります。環境構成では，安全で安心して過ごせるための，また子どもが生き生きと活動を展開していくことができるための環境の設定を行うことが必要となります。保育者は常に危険な場所がないように気を配り，安心して遊ぶ場所を確保することが大切です。保育者は子ども全体が見守ることのできる位置にいるようにします。事故が起きたりケガをしたりしないように未然に防ぐ配慮が必要となります。

　保育者の援助では，下線部①は「たすきをかけてあげる」という表現が使われていますが，保育者が上の立場から何かをしてあげるという意味が含まれてしまいますので，「たすきをかける手助けをする」などの表現に変えるとよいでしょう。

予想される子どもの活動とは子どもが自ら活動を展開していく過程を予想したものになります。この指導案では，予想される子どもの活動に，下線部②「勝負の結果に喜んだり，悔しがったりする」という部分がありますが，幼児の活動には子どもの内面の気持ちは入りません。確かに，ゲームの勝敗の結果を聞いて，子どもたちは喜んだり悔しがったりすることはあるかもしれませんが，あくまでもここでは子どもの気持ちは書かないようにしてください。
　下線部③「もう一回やりたいという声があがる」の部分も下線部②と同様のことがいえます。したがって，指導案では，保育者の援助の部分に「もう一回やりたいという声があがった場合は，子どもの気持ちを汲み取り，もう一度ゲームを行うようにする」と書き添えるようにするとよいでしょう。
　保育者の援助の欄に，声掛けの内容ばかりを鍵括弧で囲んで書く実習生が多く見受けられます。どのように子どもに声を掛けるかについて書きたい場合は別紙に書くようにし，指導案では声掛けだけを羅列することのないように注意しましょう。

(2) 反省・評価の書き方

　指導案を踏まえ，保育実践を行った後は，自分自身の保育を振り返り，反省することがとても大切になります。以下は学生が記入した文章と修正した文章を記しています。違いを比較して参考にしてください。

修正前

> 　ボールリレーをやってみて，何度もシミュレーションをしましたが，練習どおりにはなかなかできず，途中で頭が真っ白になってしまいました。でも，ルール説明の時は，子ども達はみんな集中して静かに聴き，参加する時にはしてくれ，やりやすい雰囲気でした。ボールリレーが終わった時の締めの言葉が全然みつからず，ダラダラと遠回しに同じことを言ってしまいました。

修正後

> 　事前に何度もボールリレーのシミュレーションを行い，途中で忘れてしまったり，言葉に詰まってしまったりしてしまい，結局，練習通りにはできなかった。
> 　しかし，ルール説明の際には，子ども達はみんな集中して静かに聞きながら参加してくれたので，非常にやりやすい雰囲気で部分実習を行うことができた。
> 　ボールリレーを終了する時に，どのような声がけや言葉を使用すればよいのかがわからなくなり，同じような意味の言葉を繰り返してしまったことを反省している。

　指導案を最初からうまく書ける人は誰もいません。何度も書き直すことにより具体的な指導案に変化していくことでしょう。自分だけがわかる指導案ではなく，他の人が指導案をみ

た時にどのような保育を行うのかを明確にイメージできる指導案を目標として，日々の積み重ねが大切になります。

第14章
発達障害のある子どもへの保育のあり方を学ぶ

> ☞ 子どもたちは「今」を一生懸命に生きています。すべての子どもたちがかけがえのない大切な存在です。そして子どもたちには一人ひとりの思いや願いがあります。
> 　園内の子どもたちの様子をみてみると，園庭で元気いっぱい遊んでいる子ども，部屋で黙々と積み木を積んでいる子ども，ヒーローごっこを仲間と楽しんでいる子ども，先生に抱いてもらっている子ども，ひとりどこかをじっと見ている子ども等々，実にさまざまです。この章では，「発達障害」をキーワードとして，乳幼児期における「生活」や「発達」と関連づけ，連続性を踏まえながら，一人ひとりの子どもたちが大切にされ，輝ける保育の在り方を事例を通じて学んでいきます。

1. 園におけるさまざまな子どもたち

　園内には，遊びや表情の違いだけではなく，個々の「生活」や「発達」の異なる子どもたちがたくさんいます。その中に発達障害のある子どもたちも存在します。発達障害の子どもたちは，集団の中にうまく入ることができなかったり，偏食がきつく給食が食べられなかったり，自分の思ったとおりでないと急に怒りだしたりなど，他の友だちとは異なった行動をして周囲を驚かせることがあります。

【事例：入園式「このおばちゃんだれ？」】

　今日は，幼稚園の入園式，集団生活のスタートです。子どもにとっても，保護者にとっても期待と緊張と不安が入り混じります。

　Aさんは3歳児。人見知りはなく，誰にでも遊んでもらえる子どもだったので，保護者も幼稚園の生活は大丈夫だろうと安心していました。

　入園式が始まって一人で椅子に座っていたAさんは，はじめはおとなしくしていましたが，園長先生の話が始まると，突然前に出てきて「このおばちゃんだれ？」と大声でさけびました。園長先生は笑いながら，「ありがとう。よくきいてくれましたね。わたしは，このようちえんのえんちょうせんせいよ。よろしくね」とAさんを抱っこしてくれました。保護者も大

慌てでしたが，ほっと胸をなでおろしました。

入園式は子どもにとっては初めての場所です。たくさんの見知らぬ人が大勢います。みんなが神妙な面持ちで座っています。どの子にとっても緊張で不安な場所に違いありません。発達障害のある子どもは，Aさんのように，驚くような行動に出たり，反対に泣いてお母さんにしがみついてしまったりということがあります。初めての場所に適度な緊張が働いて，状況がわからないままに時間が過ぎ何事もなく過ごせる子どももいます。私たちは，そういった子どもたちの思いを汲み取り，心を寄り添わせながら，どんな場合も子どもの姿をゆったり受け止め柔軟な対応をする必要があると思います。

式の参加がむずかしければ無理に参加させる必要はないでしょう。保護者から離れるのがむずかしければ，離す必要もありません。最近は親子一緒に入園式を実施される園もあります。途中からの参加も可能ですし，退場間際の参加もあると思います。場合によっては，式が終わってから，Aさんにとっての入園式もあっていいと思います。なぜなら，緊張が強く，ただでさえ大きな集団が苦手な子どもに，「式だから」といって強引に参加させることは，子どもの恐怖心を増幅させ，後の集団参加に大きなブレーキをかけてしまうからです。

子どもが入園式に思いがけない行動をした場合，本児はともかく，保護者が，その現実を受け止められずに落ち込んでしまわれる場合もあります。想定できるのであれば，落ち着いて参加できる状況を工夫できるのが一番ですが，思いがけない状況があるのが入園式でもあります。保護者の方に，子どものいろいろな情報を聞かせていただきながら，Aさんらしい，参加の仕方を一緒に考えていくことが大切です。「入園式は緊張して後半からの参加だったけど，卒園式はこんなに立派に参加ができた」という事例はたくさんあります。

2. 発達障害のある子どもたちを支援する保育者として

皆さんの中には「発達障害」という言葉を聞かれた方も多いと思います。発達障害者支援法（2005年度施行）による発達障害の定義は「自閉症，アスペルガー症候群その他の広汎性発達障害，学習障害，注意欠陥多動性障害その他これに類する脳機能障害であり，その症状が通常低年齢で発現するもの」とされています。何らかの脳機能障害が存在していることが前提であり，保護者の育て方が原因ではありません。通常低年齢に生じるものですが，成人になってからその存在に気づくケースもあります。この「気づき」が重要です。園活動では「話さない」「活動が遅れる」「抱っこしにくい」などの様子により気付かれることがよくあります。このことは，障害のレッテルを張ることではなく，その子らしい園生活を送るための，ギ

アチェンジの瞬間ととらえることが妥当といえます。

〈用語解説〉
・発達障害についての用語は，世界保健機関（WHO）による国際疾病分類の第10回改定版（ICD-10）により決められていますが，平成30年6月18日にICD-11が公表されました。これにともない，今後法律用語が変更される可能性があります。本書では，現在もっとも多く使われている用語をなるべく使用しています。特に自閉症，アスペルガー症候群，その他の広汎性発達障害については，自閉スペクトラム症の用語を使用しています。

【事例：「先生嫌い。あっち行って！」】

　初めて保育園，幼稚園に入園してきた子どもたちに，先生はどのように映るのでしょうか？少なくとも，先生は家族以外の初めて出会う一番身近な大人になります。もしかしたら，今後の人生の中でたくさん出会うであろういろいろな人との出会いの礎になっていくかもしれません。だからこそ，この出会いは大切にしていきたいところです。そこで保育者は，受け持つことになった子どもたちの情報はできるかぎり収集する必要があります。おそらく入園前に保護者と子どもの面接があると思いますから，まずは生育歴や発達状況について丁寧に聞き取ります。特に他機関（保健センターや発達支援センターなど）からの引き継ぎがある場合は，綿密に行います。初めての出会いは，先生にとっても期待と緊張と不安があります。特に発達障害の子どもの担当になった先生は早く子どもと仲良くなりたい，あるいは子どもをみんなと一緒に行動させなくてはならないと思いがちです。

　B先生は3月に大学を卒業し4月から初めての保育園勤務。そして4歳になる自閉スペクトラム症のAさんの担当になりました。B先生はとても張り切り，Aさんの昨年までの個別指導計画を丁寧に読み，自閉スペクトラム症の子どもへの関わり方の本を読みました。そしてAさんと早く親しくなり，こんなことやあんなことをして遊べたらいいな，と考えていました。

　初日のこと。進級式の後，保育室で担任の先生の話を聞いていた時，Aさんは，ブランコに乗りにいってしまいました。B先生はあわてて追いかけAさんを連れ戻そうとしました。「Aさん，今日は年中組になった初めての大事な日だよ。一緒にお部屋に戻ろう」と声をかけますが，Aさんは知らん顔。B先生は，今日は大事な日だから何としてもお部屋に入れなくては…と考え，「いや！」と拒否するAさんを無理にブランコから下ろし手首をもって部屋につれて帰りました。翌日B先生は笑顔で「Aさんおはよう！」と迎えましたが，Aさんは知らん顔。Aさんのところに近寄っていくと「先生嫌い。あっち行って！」と言われてしまいました。B先生は悩みました。何度となく，Aさんとの関係を築こうと頑張りましたが，頑張れば頑張るほど空回りするばかり。園全体で，AさんとB先生との関係を築きなおそうと取り組みを進めた結果，Aさんから「B先生大好き」という言葉が次第に出始め，6月も終わりの頃には関係は回復したのでした。

初めての出会いは，とても大切です。発達障害のある子どもは，一度いやな思いをするとそのことが忘れられない傾向があります。はじめから「こんなことができるようになってほしい」などと思わず，まずは子どもと目線を同じにして，一緒に楽しく遊ぶこと。子どもが瞳をきらきらさせて，「せんせい。みてみて」とよんでくれるそんな毎日を積み重ねていくことが大切だと思います。子どもたちは，大好きな先生の言うことなら，ちょっと嫌なことでも…仕方ない我慢してやってあげようと，広い心で接してくれます。本当に健気で優しさにあふれています。

3.　発達障害のある子どもたちを子育てする保護者への支援

(1) 子どもの成長を先生から聞けることは何よりも嬉しいこと

　保育現場の長所のひとつに，保護者と送迎時に毎日話ができることがあります。「給食残さずにしっかり食べました」「かけっこが凄く上手になりました」「友だちに優しく接していました」など，園における子どもの成長を先生から聞けることは保護者にとり何よりも嬉しいことだと思いますし，子育ての意欲が湧いてくるものです。

　しかし，発達障害のある子どもの場合は「教室に入れない」「言葉が出ない」「集中力がない」「姿勢が崩れる」「じっとしていられない」「給食が食べられない」等の姿がみられたり，「友だちのモノをとる（こわす）」「友だちをたたく（噛む）」「友だちを押し倒す」「集団活動ができない」「ばか，しね，などの言葉を使う」などの様子が見受けられることがよくあります。

　保育者は，発達障害児にも一生懸命関わり，よかれと思って，「教室に入ろうね」「もっとハッキリお話するといいよ」「友だちとは仲良くしようね」「給食は，少しだけ食べようね」などと言葉をかけます。しかし，いっこうに子どもの姿が改善されない現実に，最初は笑顔で接していた保育者も，次第に笑顔がなくなり，この子のためだと怖い表情で，ついつい禁止用語が増えていきがちです。そのような状態が続く中で，「この子ばかり関わっていられない」と感じるようになり，遂には，「この子が自分勝手でわがままじゃないか」「この子さえいなかったら，もっと他の子どもに愛情をたっぷり注いであげられるのに」「もしかして，親の育て方が悪いのでは」と責任を転嫁してしまうこともあります。そして保護者に「今日も（また）遊戯室に入れませんでした」と何気なく発してしまい，その言葉が保護者の心を深く傷つけることになります。

(2) 発達障害のある子どもの保護者の思い
【事例：Aさんのお母さんの手記から】

　<u>生後3カ月</u>，子どもが「笑った」と大喜びしたお母さん。なぜならば，自閉症の子どもは「笑わない」と昔，本で読んだことがあったからだそうです。一昔前，全世界で，自閉症の症状をつくったのは親の育て方が悪かったせいだと友人から聞いていたこともあって，お母さんは「自閉症ではない」と安心したそうです。

　<u>11カ月</u>の乳幼児健診のとき，他の赤ちゃんたちは玩具をなめたり，触ったり，好奇心いっぱいに動き回るのに，自分の子どもは，膝の上に座っているだけだったそうです。しかし，「きっと，月齢の差だ。私の子どもも他の子ども同様，玩具をなめたり，触ったり，好奇心いっぱいに動き回るはず」とより一層子育てに努力されたようです。

　<u>1歳過ぎ</u>の公園デビューの日。ママ友のBさんのお母さんは，片手に子どもを，そしてもう片手に荷物を抱えていとも軽そうに歩くのに，私の子どもは，私に抱きつくことがなく，まるで重い人形を抱えて歩いているようだったそうです。

　発語は，<u>1歳10カ月</u>，夫が遅くに帰った折に，いつも一緒の私より「ぱぱぱ」とパパを呼んで，かなりショックだったとのこと。しかし，言語聴覚士さんより，「お母さん，そのぱぱぱの意味はパパじゃないよ」と言われて，少しホッとされました。

　<u>2歳4カ月</u>のAさんは自閉症で言葉がまだありませんでした。クリスマスの時期，ピカピカと光るクリスマスイルミネーションを2人で観ながら「綺麗ね」と歩いていた時のこと。突然，Aさんがクリスマスイルミネーションを指さして「あうあうあう…」と繰り返したそうです。「2歳4カ月で，はじめて我が子と共感できた」とお母さんは語りました。

　幼稚園に入園するまでに，保護者はこれだけ子育てにエネルギーと思いを注ぎ，他の子どもとの比較の中で毎日，自分の思うようにならない我が子と向き合っておられることを肝に銘じておきたいものです。

(3)「できない」よりは「できた」といわれたい

　私たちは自分の思うようにならない，指示通りに動けない子どもを「困った子」とよんでいないでしょうか。逆に保育者の顔色をうかがい，保育者の望む動きを察して行動している子どもを「よい子」とよんでいないでしょうか。それは，あきらかに保育者にとって「都合のいい子」にしか過ぎません。

　本当は大好きな先生に褒められたいという気持ちはいっぱいあるのに，発達障害や過去の失敗体験，その他の要因で，自分の思うように活動できない「困っている子」の存在に早く保育者は気づくべきでしょう。

保護者に対して、「お母さん、今日もまた遊戯室には入れませんでした」というのか、「お母さん、今日私と一緒に遊戯室の手前まで行ったんですよ」といえるのか、同じことをいっていても、伝わり方が全く違うことは皆さんも理解できると思います。前者は保育者にとって自分の思うようにしてくれないから「困った子」、後者は遊戯室に入りたくても入ることができない「困っている子」。子どもの内面に寄り添った言葉を使いたいものです。

4. 発達障害のある子どもたちの内面を理解する

あなたは「自閉症の子ども」を担当するボランティアです。自閉症のAさんと、あるサークルの集会に出かけました。会場に入ると、たくさんの子どもたちが元気よく走り回っています。しばらくすると、主催者の先生が「みなさん、自分の座席に座りましょう」と声をかけました。多くの子が静かに用意された椅子に腰かけ、集合しはじめました。

ところが、あなたの担当のAさんだけが部屋を飛び出していってしまいました。あなたは何度も廊下に出るAさんを部屋に呼び戻し、また廊下に出ていくAさん、という動きを繰り返していました。座席に座っていた子どもたちがざわつき始め、主催者の表情も曇りだします。これは大変だと気づいたあなたは、廊下に出ていくAさんを強引に連れ戻し、さらに出ていこうとするAさんを「いい加減にしなさい」と肩をぐっと抑え込んだ瞬間、Aさんは、おしっこを漏らしてしまいました。

なぜ、私たちはAさんにおしっこを失敗させてしまったのでしょう。要因は2つあります。まず、大人側の子どもの行動を読み取る「視点」の問題です。私たちは、教室の中で行われる行事を楽しませてあげたい一心でAさんを椅子に座らせることに一生懸命になっていました。しかしAさんは、本当は廊下の向こう側にある「トイレ」に行きたかったのです。でも、子どもたちが座るまでは、教室も廊下も刺激が多く、Aさんはトイレに行けず、ずっと我慢をしていたのでした。その後、子どもたちが座って静かな環境となり、Aさんはトイレに行けると思ったのですが、大人側の視点は、座ることが最優先でした。そのためトイレに行きたいAさんの行動を「教室を出ていく」といった問題行動化し、何度も呼び戻す結果となり、おしっこを失敗させてしまい、叱るという悪循環が生じてしまいました。一人ひとりの子どもの内面に寄り添うためには、まず保育者が、「もしかして、おしっこがしたいのか？」という「もしかして」の発想がもてることがとても重要となります。

次に、なぜ、「失敗」したのだろうと考えてみましょう。子どもはトイレに行きたい気持ちを行動で伝えてはいたのですが、支援者にはうまく伝わりませんでした。私たちは実践を振

り返りながら,「伝えようとしたけど,伝わらなかった。」「どうすれば伝わるようになるの?」など,伝わるための工夫を考える,試してみようとすることも大切です。言葉がある子どもなら「おしっこ行ってくる」といえること,少し言葉がある子どもなら「(おしっこ)の<u>こ</u>」,言葉が出ない子どもであれば,動作や身振りで,またはポケットからトイレの写真カード等を取り出して意思表示することもあるでしょう。言葉も,身振り・動作も,写真カード等もすべて「コミュニケーション」です。そして,もっとも大事なのは,子どもが保育者に「伝えたい」と思える関係を作ることだと思います。そのために,子どもの生活年齢(学年)だけにとらわれすぎることなく,発達年齢(発達段階)や障害特性,さらに生育環境,思いや願い(心)を理解して,総合的に,子どもの行動に起因する要因・背景を深く探る視点をもつことが重要となるでしょう。

5. 保幼小中高の連続性での「今」を大切にする保育実践

　園で子どもたちと過ごしていると,ついつい年長(5歳児)が最上級生のように思ってしまうことがよくあります。もちろん,園においてはそうなのですが,人の人生からすれば,たった最初の5年間です。高校卒業までを見越しても,同様のことがいえます。園を卒園すると,子どもたちの多くは,小学校の通常学級で学ぶことになります。しかし,発達や障害特性によって,特別支援学校,小学校の特別支援学級,小学校の通常学級に在籍しながら通級指導教室に通う子どもたちもいます。ここで確認しておきたいのは,どの学校も子どもたちにとっては,大切な学びの場であるということです。「小学校の通常学級に行けないから支援学級」なのではありません。すべての子どもが,もてる力を最大限発揮できる学びの場であることを決して忘れてはいけません。「この子も将来大人になるのだから」「先生に迷惑をかけてはいけないから」などの理由で,皆と同じような結果を求め過ぎるあまり,障害特性を理解せずに強引に集団参加を促すことがあります。保育者の思いは理解できますが,当事者たる子どもの思いはどうでしょう。ましてや発達障害のある子どもには,「将来の自分の姿」とか「学校での学習風景」などは見通すことはむずかしいといわざるを得ません。不適切な養育や保育の結果,二次障害になる子どもも存在します。園は,将来を焦りすぎず,「今」必要な支援を適切に行うことこそ大切です。なぜならば,子どもは「今」を生きているからです。保育者は,自分たちの実践に誇りをもって次の小学校等に引き継ぎます。

【事例】

　Aさんは，5歳になってから医療受診をし，自閉スペクトラム症の診断を受けました。保護者の方も障害をよく理解され，研修会に参加したり本を読んだりしてAさんの育ちを支えてこられました。Aさんは，日によって感情のムラはありましたが，安定した園生活を送っていました。ところが，最近Aさんはイライラしています。10月の終わりごろから帰りの準備にとても時間がかかったり，先生が部屋に入ろうと声を掛けたのにブランコに揺られていたりします。4月当初に戻ったみたいです。保護者に，家の様子を聞いてみると，「最近，訳もなく弟をたたいたりすることが多くなった」とのことでした。

　この時期，Aさんの就学に向けて，保護者は小学校に行ったり，保育所の先生と話をしたりして，通常学級にしようか，特別支援学級にしようかと悩んでおられました。小学校入学後のことを考えると，Aさんのできないところばかりが目に付き，普段は見過ごしているようなことも口やかましく注意してしまっていたそうです。

　保護者だけでなく，私たち保育者にも同様のことがいえます。もう小学校だから，自分の持ち物の始末だけはきちんとさせなくてはいけない，文字や数字にも興味をもってもらわなくては，いつまでも先生に抱っこやおんぶで甘えていてはいけないなど，つい焦ってしまいます。そんな状況の中で，ランドセルを買ってもらいうれしい反面，「小学校に行ったら…小学生になったら…」と周りの大人からいわれ，訳のわからないプレッシャーにAさんは，追い詰められていたのです。

　子どもたちは今を生きています。将来のことを考えればこそ，Aさんが安心して過ごせる環境を構成し，その環境の中で安定して，大好きなお母さん，お父さん，そして先生や友だちとAさんなりの生活を継続することが結果的にスムーズな就学につながるのではないかと思います。ある小学校の先生は，「通常の子であっても，保育所幼稚園から1年生への段差は非常に大きい。特に発達障害の子どもたちにとっては困難な段差かもしれない。しかし就学前に『心の安定感』や『人への信頼感』を体験できた子どもたちは，個人差はあっても，必ずその段差をその子なりに乗り越えることができる」とおっしゃってくださいました。焦ることに何ひとつメリットはないということでした。

　Aさんの保護者は，最終的に特別支援学級に通うことを希望されました。学校の先生や保育所の先生，同じ悩みをもつ保護者の方など，いろいろな人と話をし，情報を集め，ご両親が十分話し合われた結論です。Aさんの将来を考えた時，Aさんに合った学習内容や理解に応じて，生き生きと育って欲しい。無理をさせることに何ら意味はないと感じたと保護者はおっしゃいました。卒園日のお別れ会の中でAさんの保護者は，こんなお話をされました。「保育園の生活は，Aさんにとっても，私にとっても，思い出深いものとなりました。今年は

いろいろ悩み辛い日々が多かったですが，皆さんにあたたかく包んでもらい，今日の日が迎えられました。ありがとうございました。小学校にいったら，Aさんは特別支援学級に行きます。でも，皆さん，これからもAさんとずっと仲良くしてね。」

　今の時間を大事に，子どもと響き合うことを大事に，謙虚に丁寧に学び続ける保育者の存在がこの言葉を引き出したと私は思っています。

引用・参考文献

東京都福祉保健局『発達障害者支援ハンドブック』2015年
別府哲・小島道生『高機能自閉症の理解と支援』有斐閣選書，2010年
松村齋『エピソードで学ぶ特別支援教育AtoZ』明治図書，2014年
宮崎英憲・山本昌邦編著『新訂 特別支援教育総論』放送大学教育振興会，2011年
文部科学省「特別支援教育について」2007年
文部科学省「特別支援学校教育要領・学習指導要領解説　総則編」2018年

第15章
保幼小連携をふまえた保育のあり方を学ぶ

☞ 幼児教育から小学校の教育へのスムーズな移行がなされるように,「小学校学習教育要領」では,スタートカリキュラムが実施されている。幼児教育においても,資質能力の3つの柱,幼児教育の終わりまでに育ってほしい10の姿などを示して,これに対応するようになった。保育者は,これらのことについて,どのように受けとめ,保育するとよいのかこの章では考えていきます。☜

 ## 1. 小学校との接続における幼児教育

(1) 2017年の改訂が意味すること

　2017年の改訂は,教育は学校だけで行うものではなく,社会全体で責任を負うことが求められています。その背景には,子どもを取り巻く環境の急激な変化があります。それにともなって,2006（平成18）年に教育基本法が,制定以来60年ぶりに改正されました。この改正では,家庭教育や幼児期の教育について,条文に初めて記載されました。以下の第10条,第11条が新設された内容です。ここには,乳幼児教育の重要性が示されました。

教育基本法（2006）
第10条（家庭教育）
　父母その他の保護者は,子の教育について第一義的な責任を有するものであって,生活のために必要な習慣を身に付けさせるとともに,自立心を育成し,心身の調和のとれた発達を図るように努めるものとする。
2　国及び地方公共団体は,家庭教育の自主性を尊重しつつ,保護者に対する学習の機会及び情報の提供その他の家庭教育を支援するために必要な施策を講ずるよう努めなければならない。
第11条（幼児期の教育）
　幼児期の教育は,生涯にわたる人格形成の基礎を培う重要なものであることにかんがみ,国及び地方公共団体は,幼児の健やかな成長に資する良好な環境その他の適当な方法によって,その振興に努めなければならない。

　教育基本法第1条に示す「人格の完成を目指し,平和で民主的な国家及び社会の形成者と

して必要な資質を備えた心身ともに健康な国民の育成を期して行わなければならない」の中には家庭教育も含まれます。また，乳幼児期の子どもの教育の場として，集団の場で教育する乳幼児期の施設があり，そこは家庭教育を支える場でもあるということです。

　2017（平成29）年3月には，乳幼児期の保育の3要領・指針である，「幼稚園教育要領」「保育所保育指針」「幼保連携型認定こども園教育・保育要領」が改訂（改定）されました。3つの施設を管轄する国の機関は異なりますが，教育に関する内容については統一して，どの施設に通う子どもも質の高い教育を受けることが保障されるということになったわけです。

　今回の改訂（改定）は，3つの施設が足並みを揃えて乳幼児期の子どもの教育を考えることばかりではなく，乳幼児期に行われた教育が小学校の課程へ，中学校の課程へとつながる教育にしようという動きであることを念頭において，乳幼児の教育について考えていく必要があるでしょう。

(2)「遊びが学び」乳幼児期の発達や学びの特性

　乳幼児期の子どもは，遊びから何を学ぶのでしょうか。大人が「しょうもない」「くだらない」と感じることを，真剣なまなざしでくり返し，くり返し行っていることがあります。その過程で子どもは，うまくいかないことも含めて，ワクワク感やドキドキ感を味わいます。「なぜ楽しい」とか，「なぜおもしろい」というように理屈で考えるのではなく，体中で何かを感じて，わかること，できることを体に刻み込んでいきます。感覚的にとらえているイメージが後のさまざまな思考を支えていくことになります。遊びを通して無自覚に学んでいるということになるでしょうか。

　取り組んでいること，関わっていること自体が遊びであり，学びであるといってもいいでしょう。取り組んでいることが「おもしろい」「楽しい」から続ける，またやりたいということになるわけです。夢中になることが集中力を高め，もっと知りたいという探求心や，なぜだろうという好奇心を育みます。乳幼児期の子どもは，教えられて覚えることもあるかもしれませんが，学びの大半は，日常生活の中で知らず知らずのうちに体にしみ込ませていくことが多いのです。子どもが能動的に環境に関わる中で，さまざまなことを感じたり，考えたり，気づいたりする経験を積み重ねていくことで，知識や技能の基礎や，思考力や表現力，判断力の基礎，学びに向かう力や人間性等を身につけていくのです。これが乳幼児期の発達や学びの特性といえるでしょう。

(3)「遊びが学び」の基

　乳幼児期の子どもの発達や学びの特性を活かすためには，情緒の安定は不可欠です。情緒

的な絆である「アタッチメント」((John Bowlby, 1907-1990) イギリス出身の医学者，精神科医，精神分析家。専門は精神分析学，児童精神医学。精神医学に動物行動学（エソロジー）的視点を取り入れ，愛着理論をはじめとする早期母子関係理論を提唱した）は，その子どもの人生に大きな影響を与えるものです。子どもがくっついてくるとき，それをいつも無条件に受け入れて，子どものそのときの思いを十分満たしてあげる。それは，子どもにとって「今，このときに」必要なエネルギーを注入してあげることなのです。その相手は誰でもいいわけでなく，子どもが安心してくっつける人，「特定の大人」です。特定の大人との間に深い絆ができることが重要なポイントです。

　特定の大人は，ひとりとは限りませんが，まずは「お母さん」であることが多いでしょう。乳児期から保育所に入所することになれば「保育者」ということになります。保育所での保育が「ゆるやかな育児担当制」であることが望ましいのはこのためです。特定の大人との深い絆は，子どもの内面に浸透し，安心感をもたらします。この安心感は，困ったときにいつも自分は助けてもらえるという信頼感につながっていきます。この信頼感は後に，人とつながるためのコミュニケーション力の育ちになります。また，ありのままの自分を受け入れ，内から自分を支える自信をもつことができるようになります。それが「自己肯定感」です。

　子どもは，乳児期にありのままの自分を十分に受けとめてもらうことで，自分で選択したことに，自分のペースで集中して取り組み，さまざまな経験を重ねていきます。そのことが内なる自信につながり，自分らしくいられることになるということです。これまでの日本は，どちらかというとある種型にはまった「いい子」を称賛しています。集団生活の中で和を乱さず，みんなと一緒に仲良く遊べる子どもを目指す傾向にあったと思います。その中でクローズアップされたのが，「みんな違って，みんないい」という金子みすゞの名言でした（金子みすゞ，1984）。「一人ひとりみんな違う。その個性を大切に」ということです。その子らしさや，その子の持ち味をうまく感じ取って，大切に育てていくことに向かっています。このような生活を実現するために，保育者には，乳幼児期の発達や学びの特性をとらえ，一人ひとりの子どもの生活や遊びを充実させることが求められます。遊びを通した総合的な指導の過程で子どもの学びは深まるのです。

2. 環境を通して行う保育——アクティブ・ラーニング

(1) 幼児期のもののとらえ方

　幼児教育の基本は，環境を通して行うものです。子どもは，自らあるいは保育者の意図的，計画的に設けた環境にかかわる中で，モノ，ヒト，コトに触れて，子どもそれぞれのペースや

関わり方で試行錯誤を繰り返しながら、環境のもつ意味や仕組みについて気付いたり、考えたりします。こうした体験的な学びは、子どもの心の奥深くに入り込み、子どもの見方や考え方を広げ、豊かにしていきます。幼児教育においては、このような子どもの主体的な活動を、発達の基礎を培う学習として位置付けています。子どもがモノやコトに出会い、向き合い「どうしてかな」「なぜだろう」と心を動かしながら予想したり、確かめたりすることは、その過程において、自分なりに納得しながらものの見方や考え方を深めていることになります。これは、生きる力の基礎になる学びとなります。

(2) 主体的・対話的で深い学び

　2017年の改訂（改定）では、子どもが主体的に環境に関わり、友達と協同して活動することを通してさまざまなことを学び合うことを重視しています。「心を動かされる体験が次の活動を生み出すことを考慮し、一つひとつの体験が相互に結びついて園生活が充実するようにすること」とも示されています。学校教育においても「主体的・対話的で深い学び」すなわちアクティブ・ラーニングの重要性が示され、この視点から授業の見直しや改善を行うことが求められています。

　子どもが身近な環境に主体的に関わり、環境との関わり方や意味に気付き、これを取り込もうとして、試行錯誤を繰り返すという幼児期の見方や考え方は、小学校以降の課程のアクティブ・ラーニングにつながるものです。むしろ、幼児期の見方や考え方が、学校教育における「主体的・対話的で深い学び」につながったものといってもいいでしょう。

3. 幼児期に育みたい資質・能力

(1) 小学校課程における資質・能力

　幼児期と小学校以上の教育をつなぐものについて考えてみましょう。「小学校学習指導要領解説　生活編」(2017年6月)には、「幼児期に育成された資質・能力と小学校低学年で育成する資質・能力とのつながりを明確にし、そこでの生活科の役割を考える必要がある」とあります。その目標について、以下のように掲げています。

> 具体的な活動や体験を通して、身近な生活に関わる見方・考え方を生かし、自立し生活を豊かにしていくための資質・能力を次のとおり育成することを目指す。
> (1) 活動や体験の過程において、自分自身、身近な人々、社会及び自然の特徴やよさ、それらの関わり等に気付くとともに、生活上必要な習慣や技能を身に付けるようにする。

(2) 身近な人々,社会及び自然を自分との関わりと捉え,自分自身や自分の生活について考え,表現することができるようにする。
(3) 身近な人々,社会及び自然に自ら働きかけ,意欲や自信をもって学んだり生活を豊かにしたりしようとする態度を養う。

　生活科において育成を目指す(1)では,「知識及び技能の基礎(生活の中で,豊かな体験を通じて,何を感じたり,気付いたり,何が分かったり,何ができるようになるのか)」を,(2)では「思考力,判断力,表現力等の基礎(生活の中で気付いたこと,できるようになったことを使って,どう考えたり,試したり,工夫したり,表現したりするのか)」を,(3)では,「学びに向かう力,人間性等」を示しています。「気付く」「身に付ける」「考える」「表現する」「意欲や自信をもつ」これらのことを豊かにしていくこと,これらの資質・能力は,幼児教育の3要領・指針に記載されたものと同様です。幼児教育から小学校課程へつながることを明確に認識しておくことが必要でしょう。

(2) 幼児期における資質・能力

　幼児期に育みたい資質・能力については,3-(1)の記載のとおり,小学校課程の学習指導要領へとつながるものですが,これらは,子どもの日々の生活や遊びにおいてみられるものです。子どもは,身近にある環境を取り込もうとした時,心を動かし,自分のもっている知識を駆使して,それがどんなものなのか,見たり,触ったり,試したりして認識しようとします。そして,それが興味深いものということを確認すると,その認識に基づいて,さらに楽しいもの,おもしろいものになるように,考えたり,試したり,工夫したり,表現したりしようとします。この一連の活動の繰り返しは,子どもの心情や意欲,態度が育つ中で,よりよい生活を営もうとする態度であり,学びに向かっていく力なのです。子どもにとってこれらの活動は,特別なものではなく日々の営みとして繰り返されているものなのです。子どもの日々の活動においてみられるこの学びをさらに,子ども自身が学びを促し,活動の中で発揮できるようにしていくことが,子どものよりよい育ちにしていくことが必要です。

(3)「幼児期の終わりまでに育ってほしい姿」

　「育みたい資質・能力」を幼児の生活する姿からとらえたものが,「幼児期の終わりまでに育ってほしい姿」です。乳幼児が通う施設(幼稚園・保育所・こども園)の生活全体を通して幼児がさまざまな体験を積み重ねる中で,相互の関連をもちながら,しだいに達成に向かっていきます。
　「幼児期の終わりまでに育ってほしい姿」は,小学校・中学校・高等学校まで続く学校教育

について全体を見渡し，社会の急激な変化や予測不能な未来に向かって，その中を生き抜いていく子どもたちに，どのような資質や能力が必要なのかという観点から議論され，示された具体的な姿です。この姿になるようにと設定された目標ではなく，子どもたちが「今」どんな姿なのかと点検したり，こんな力が育ったりしているという確認をするための指標であることを忘れてはなりません。幼児期の発達や学びの個人差に配慮しながら，幼児期の終わりまでに育ってほしい幼児の姿を具体的にイメージして，日々の保育を行っていく必要があります。「幼稚園教育要領」，「保育所保育指針」及び「幼保連携型認定こども園教育・保育要領」に記載されている「幼児期の終わりまでに育ってほしい（10の）姿」は，以下のとおりです。

① **健康な心と体**
　園生活の中で，充実感をもって自分のやりたいことに向かって心と体を十分に働かせ，見通しをもって行動し，自ら健康で安全な生活をつくり出すようになる。

② **自立心**
　身近な環境に主体的に関わりながら様々な活動を楽しむ中で，しなければならないことを自覚し，自分で行うために考えたり，工夫したりしながら，諦めずにやり遂げることで達成感を味わい，自信をもって行動するようになる。

③ **協同性**
　友達と関わる中で，互いの思いや考えなどを共有し，共通の目的の実現に向けて，考えたり，工夫したり，協力したりし，充実感をもってやり遂げるようになる。

④ **道徳性・規範意識の芽生え**
　友達と様々な体験を重ねる中で，してよいことや悪いことが分かり，自分の行動を振り返ったり，友達の気持ちに共感したりし，相手の立場に立って行動するようになる。また，きまりを守る必要性が分かり，自分の気持ちを調整し，友達と折り合いを付けながら，きまりをつくったり，守ったりするようになる。

⑤ **社会生活との関わり**
　家族を大切にしようとする気持ちを持つとともに，地域の身近な人と触れ合う中で，人との様々な関わりに気付き，相手の気持ちを考えて関わり，自分が役に立つ喜びを感じ，地域に親しみを持つようになる。また，幼稚園内外の様々な環境に関わる中で，遊びや生活に必要な情報を取り入れ，情報に基づき判断したり，情報を伝え合ったり，活用したりするなどして，社会とのつながりなどを意識するようになる。

⑥ **思考力の芽生え**
　身近な事象に積極的に関わる中で，物の性質や仕組みなどを感じ取ったり，気付いたりし，考えたり，予想したり，工夫したりするなど，多様な関わりを楽しむようになる。ま

た，友達の様々な考えに触れる中で，自分と異なる考えがあることに気付き，自ら判断したり，考え直したりするなど，新しい考えを生み出す喜びを味わいながら，自分の考えをよりよいものにするようになる。

⑦ 自然との関わり・生命尊重

自然に触れて感動する体験を通して，自然の変化などを感じ取り，好奇心や探求心をもって考えを言葉などで表現しながら，身近な事象への関心が高まるとともに，自然への愛情や畏敬の念をもつようになる。また，身近な動植物に心を動かされる中で，生命の不思議さや尊さに気付き，身近な動植物への接し方を考え，命あるものとしていたわり，大切にする気持ちをもって関わるようになる。

⑧ 数量や図形，標識や文字などへの関心・感覚

遊びや生活の中で，数量や図形，標識や文字などに親しむ体験を重ねたり，標識や文字の役割に気付いたりし，自らの必要感に基づきこれらを活用し，興味や関心，感覚をもつようになる。

⑨ 言葉による伝え合い

先生や友達と心を通わせる中で，絵本や物語などに親しみながら，豊かな言葉や表現を身に付け，経験したことや考えたことなどを言葉で伝えたり，相手の話を注意して聞いたりし，言葉による伝え合いを楽しむようになる。

⑩ 豊かな感性と表現

心を動かす出来事などに触れ感性を働かせる中で，様々な素材の特徴や表現の仕方などに気付き，感じたことや考えたことを自分で表現したり，友達同士で表現する過程を楽しんだりし，表現する喜びを味わい，意欲をもつようになる。

(4) 「幼児期の終わりまでに育ってほしい姿」を理解して実践することの意味

保育を実践していくために，保育内容の5領域（健康・人間関係・環境・言葉・表現）をさらに細かくみていくための視点として示された「幼児期の終わりまでに育ってほしい10の姿」である。今回の改訂（改定）では，乳児の保育についても，その考え方が示されている（図15-1）。

乳児期および3歳未満児の保育において，人との基本的信頼を築くことを含む人格形成の基礎を培い，幼児期の教育へとバトンが渡されることになります。人間の育ちは，その時期，その段階で別々に考えられるものではなく，生涯続いていくものです。前述した「育みたい資質・能力」も積み重ねられていくものです。今回の改訂（改定）で重視されてきたことでもあり，図15-2のようにも示されました。

「育みたい資質・能力」・「幼児期の終わりまでに育ってほしい10の姿」を理解し，考慮す

ることで，乳幼児期の子どもをあらためてよくみることができること，また，この時期の子どもの発達や特性，学びの姿を偏りなくみて，理解を深めることができるようになるでしょう。

さらには，保幼小の接続のあり方について相互に心を寄せることができます。保幼小接続期の子ども像を共有し，子ども理解を深めることができます。保幼小連携という理解よりも，保幼小の関係者が協働して子ども理解を深め，段差のない教育が継続できるようにしていくことが重要ではないでしょうか。

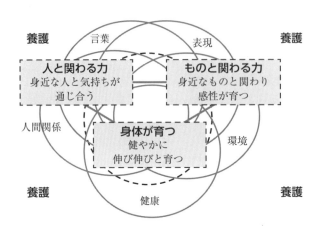

図15-1　乳児保育の5領域の考え方
（出所）厚生労働省「保育所保育指針の改定に関する議論の取りまとめ」2016年

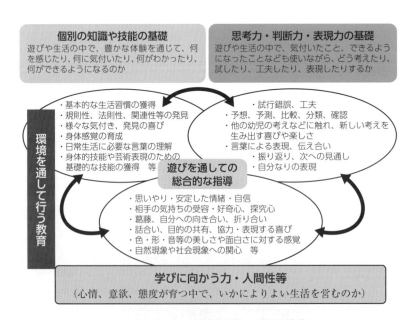

図15-2　環境を通して行う教育
「育みたい資質・能力」と遊びを通しての総合的な指導との関係
（出所）文部科学省「幼稚園教育要領の改訂における教育課程幼児教育部会とりまとめ」2016年

4. 保幼小連携協働を目指すための保育者の専門性

　乳幼児期の教育を充実させ，子どもの学びを豊かにするためには，保育者のさまざまな専門性が求められます。保育の質，保育者の専門性の向上については，常に求められ続けていますが，あらためて保育者に求められる専門性について考えてみましょう。

(1) 子どものありのままを受けとめ，「遊びが学び」を実践できる

　子どもが自分らしく，自分を存分に発揮できるようにするためにまずは，保育者との温かい関係を築き，子どもが安心して園生活を送ることができるようにすることでしょう。保育者には，子ども一人ひとりの発達の状況を理解すること，子どもの内面理解を多面的に行うことが求められます。そのためには，子ども一人ひとりの言動を共感的に受けとめ，深く理解することができることが必要です。

　このような専門性はすぐに身につくものではありません。毎日毎日の子どもとの営みの中で，子どもの心に寄り添い，子どもとの関わりを繰り返し振り返りながら，関わり方を修正していくことが必要でしょう。この繰り返しが，子どもの内面を理解することだけではなく，子どもがお気に入りのモノ・ヒト・コトを見つけることにつながり，遊びの環境づくりにもつながっていくのです。「遊びが学び」を実践するためには，子どものまなざしに心を傾け，子どもの息づかいを肌で感じながら子どもと夢中になって遊ぶ保育者になることが必要でしょう。保育者が子どもと夢中になって遊ぶことは，子どもの集中力を高めます。なぜなら，信頼できる人と，好きなことに一生懸命取り組むことが楽しい気持ちを高揚させるということです。楽しい・面白い気持ちは，物事に集中する力につながります。この力は，のちのもっと知りたい，もっとわかりたい，もっと学びたいという学習意欲につながっていきます。

(2) 環境を創りだす力・具体的に保育をデザインして実践する力

　乳幼児期の教育の基本は，環境を通して行うものであり，保育の充実は環境創りからといっても過言ではないでしょう。子どもがワクワクして遊びだせるような環境を創り出すためには，

　(1)で述べたように，子ども理解を深め，子どもと一緒に夢中になって遊ぶことが必要となります。子どもとじっくりつき合い，子どもがもっている力を引き出すことができる環境をつくることが必要です。子どもが何に興味や関心をもっているのか，どんな力を身に付けているのか，どんな学びをしているのか見極めて，遊びを充実させていくだけでなく，発達を促

す体験につなげたり，子どもが主体的な遊びを引き出したりしていけるような環境をつくっていくことが必要です。子どもたちの「主体的・対話的で深い学び」につながるような環境や保育をデザインし，実践していくことができるようにしたいものです。この力が小学校以降の課程の「主体的・対話的で深い学び」へとつながっていきます。

(3) 特別な配慮を要する子どもへの対応力

　乳幼児期は，個人差や家庭での経験の差が大きい時期です。そのために，それぞれの時期の発達や育ちに関する専門的知識を理解することや，一人ひとりへの特性や特質に合わせた対応が大変重要になります。障害児に対する保育は，今日的課題でもあり，障害の種類や程度によって寄り添い方が異なるので，専門的知識や技能をもち，適切に対応していくことが求められます。

　また，近年では外国籍の子どもが増加し，施設によっては8割以上が外国籍であるということです。多文化共生は，当たり前のことになっていることを理解して，外国籍の子どもや保護者の不安感を受けとめ，その子どもたちの発達や家庭の文化的背景に配慮すると同時に，周囲の子どもには多様性を受けとめ合う経験になるような保育を工夫していく必要があるでしょう。乳幼児期に，どの子どもも，いつでもどんな時でも，共感的に，当たり前な生活づくりをすることが，小学校以降への課程で格差なく，教育の連続性を保障することにつながっていくになります。

(4) 保護者と連携協働する力，子育てを支援する力

　乳幼児期の子どもの育ちを支えるためには，家庭との連携協働が不可欠です。子どもは，登園を嫌がったり，些細な出来事で，気持ちや行動をコントロールできず，つまずいたりすることがあります。このようなときには，保護者に家庭の様子を聞いたり，園での様子を話したりして連携し，つまずきの背景や要因を理解し，子どもの心の安定を図ることや，保護者との信頼関係につなげていくことが必要でしょう。保護者との信頼関係は，家庭教育との連続性にもつながります。また，保育者は，子育て支援の役割も担っています。保護者だけでなく，地域の子育て支援の拠点として，地域の子育て家庭の支援にもその専門性を発揮することが求められています。今回の改訂（改定）においても，3法令ともに子育て支援の役割を担う必要性を示しています。保育のスペシャリストとして，施設や地域で保育の専門性が求められています。カウンセリングの基本姿勢や技法を理解して対応する力も必要になります。

(5) 小学校と連携する力

「育みたい資質・能力」・「幼児期の終わりまでに育ってほしい10の姿」が，小学校以降の育ちにつながっていくのか，見通す力が求められます。小学校以降の学習には，乳幼児期の生活経験が大きく影響することは，これまでにも述べてきました。子どもが乳幼児期に身に付けた力が，後にどのように成長していくのか見通し，期待も込めて要録に残して，小学校課程につなげていくことが，子どもの成長を保障することや，子どもの学びの連続性を保障することにもつながっていくことになります。このことからも，乳幼児期から児童期への一貫した流れをつくるために小学校と連携することはもちろんのこと，入学前から，子どもも保育者も小学校との交流を深め，段差のないスムーズな接続を考えていくことが必要です。

5. 幼児教育と小学校教育のつながりを大切にするために

「小学校学習指導要領解説　生活編」(2017 (平成29) 年) に「スタートカリキュラム」として明記されています。幼児期から児童期への継続を大切にし，登校意欲と学習意欲を高めるためのカリキュラムとしてつくられました。このカリキュラムは，新入学児童の小学校生活「適応」を促すものです。幼児期に体験してきた遊び的要素とこれからの小学校生活の中心をなす教科学習要素の両方を組み合わせた，合科的・関連的な学習プログラムのことです。子どもに「明日も学校に行きたい」という意欲をもたせ，幼児教育から小学校教育への円滑な接続をもたらすことが目的です。子どもがこれまでの生活で経験したことを，小学校の生活でも使うことができるという体験を重ねることは，自己肯定感（内なる自信）につながります。自分が自分らしく，主体的に生き抜くためのスタートであることを子ども自身が認識できるように，保育者も教師も連携協働してこのカリキュラムを大切に取り扱っていくことが必要です。そのためには，日常的に両者が連絡を取り合い交流していくことが課題となるでしょう。

引用・参考文献

金子みすゞ　『私と小鳥とすずと』「金子みすゞ童謡集」ハルキ文庫，1998年
汐見稔幸　　『こども・保育・人間』学研教育みらい，2018年
無藤隆編著　『幼児期の終わりまでに育ってほしい10の姿』東洋館出版社，2018年

カフェタイム（コラム）⑥

幼児期からの外国語教育について考えよう！

　小学校で外国語活動・外国語教育が行われるようになり，幼稚園や保育所，認定こども園でも外国語に親しむための活動を取り入れる園が増えてきました。「外国語」といっても，国際的なコミュニケーションで使用される共通語として「英語」を使っての外国語活動が一般的なようです。

　幼児期の英語教育については，その必要性に関して，専門家の意見も賛否両論です。日常生活で日本語を使う子どもが，幼児期から英語に触れることのメリットとしては，英語の発音に慣れることや，英語を使ってコミュニケーションを取ることに対する抵抗が少ないため，積極的に英語を使った活動に取り組むことができることなどが挙げられます。一方，デメリットとしては，母語である日本語の発達に遅れが出る恐れがあることなどが指摘されています。

　幼児教育では，遊びを中心とした活動の中で，小学校以降の学びに向かう基礎となる「心情・意欲・態度」を身につけることが目指されています。小学校以降の教育の「前倒し」ではなく，「土台作り」であることを意識して，学びに向かう子どもの意欲的な態度を育てることが大切にされなければなりません。英語活動においても，子どもが意欲的に活動に参加するための動機となる，「もっと外国の人と話したい！」「外国のことを知って，いつか行ってみたい！」という気持ちや意欲を引き出すことが大切にされるべきです。

　幼児期に英語教育を始める理由は，「早めに始めれば発音が良くなる」「早めに始めれば英語への苦手意識がなくなるだろう」という大人目線の動機によって行われている場合がほとんどではないでしょうか。その動機自体は全く悪いものではありません。しかし，言語習得のメリットだけにとらわれることは問題です。単に言語を習得するだけでなく，子どもが日本以外の国や地域について知ったり，外国語を学ぶことを通して人種・文化の多様性を感じたりできるようにすることが外国語教育の重要な目的のひとつだからです。日常的に英語に触れる環境にある子どもを除けば，日常生活で日本語以外の言語の必要性を実感することが少ない幼児が大多数です。大人が良かれと思って英語教育に熱心に取り組むことが子どもの負担となり，英語嫌いになってしまうということにもなりかねないのです。幼児期にふさわしい「ねらい」をもって，子どもの意欲を引き出す活動にすることが重要です。

おわりに
幼児教育方法論から学ぶこと

　本書は、「幼児教育方法論」というテーマで、幼児教育方法論とはどのようなものかにはじまり、西洋や日本の保育内容の歴史とその変遷、保育所保育指針や幼稚園教育要領の成立と変遷、特徴、幼児の生活と遊び、環境による保育、メディアと児童文化財、特別な支援を必要とする子どもへの教育方法やその対応、保幼小連携をふくめた子育て支援制度下における保育者の教育方法などにいたるまで、基礎的内容を中心に幅広く網羅したものとなっています。

　保育・教育実践は、子どもたちに働きかける教育者・保育者の意図や教育観と密接な関係を有しており、活動の展開のみならず子どもの育ちや価値形成に大きく影響を与えるものです。なかでも幼児期における教育は、遊びおよび生活のなかから、子どもらが体験的に学ぶことで、望ましい発達と成長を遂げていくものです。

　乳幼児期における発達の特徴を踏まえることを通して、幼児期の教育・保育の指導計画およびその指導法に関する基礎を学ぶことが大切です。またそれとともに、このテキストを手に取っている幼児教育・保育者希望の学生らが、自身で実践を具体的にイメージできるような計画の作成や遊び・生活を通した総合的な指導方法について学ぶことを大変大きな意義を有することになります。2017（平成29）年に改訂された「幼稚園教育要領」の「第1章第3の5」には「小学校教育との接続に当たっての留意事項」が記述されている。その（2）において、「幼稚園教育において育まれた資質・能力を踏まえ、小学校教育が円滑に行われるよう、小学校の教師との意見交換や合同の研究の機会などを設け、『幼児期の終わりまでに育ってほしい姿』を共有するなど連携を図り、幼稚園教育と小学校教育との円滑な接続を図るよう努めるものとする」と明記されています。

　また、2017（平成29）年7月に行われた幼保連携型認定こども園教育・保育要領・幼稚園教育要領・保育所保育指針中央説明会資料（幼稚園関係資料）（以下、中央説明会資料）（内閣府・文部科学省・厚生労働省、2017）においても、「小学校の教師と『幼児期の終わりまでに育ってほしい姿』を手がかりに子どもの姿を共有するなど、幼稚園教育と小学校教育の円滑な接続を図ることが大切である」と教育実践において、子どもたちに働きかける教育者・保育者の意図や教育観は、活動の展開のみならず子どもの育ちや価値形成に大きく影響を与えるものです。特に、幼児期における教育は、遊びや生活の中から、子どもが体験的に学ぶことで、望

ましい発達と成長を遂げていきます。

　本講義では，乳幼児期における発達の特徴を踏まえながら，「幼児期の教育・保育の指導計画と指導法に関する基礎を学ぶとともに，学習者自身が実践を具体的にイメージできるような計画の作成，遊びや生活を通した総合的な指導方法ならびに評価の視点を学ぶことを目的とする」となっています。

　小学校としては，「幼児期の終わりまでに育ってほしい姿」に基づいて，スタート・カリキュラムを構成することとなる。幼保小接続の観点から考えると，「幼児期の終わりまでに育ってほしい姿」について，具体的な発達の姿を提示し，個々の幼児の発達を保障しないことには，小学校入学以降に，10の姿を踏まえたスタート・カリキュラムを構成することはむずかしいと考えられます。そのためには，客観的な基準に基づく評価とそれに基づいた保育の改善が必要になります。体験と言葉を重視するなど子どもや社会の変化に対応した保育を重視することだけでなく，園と家庭との連絡，家族から愛されているという実感や雰囲気を感じることは幼児教育の課題であるといえるでしょう。

　いずれにせよ，幼児教育方法は確立されたものではありません。しばらくは手探りの状況が続くことも考えられます。しかしながら，このテキストを手に取っている学生のみなさんは，いずれ幼児教育・保育現場で活躍する人たちです。つねに保育をすることを通じて，乳幼児にとって大切な関わりは何かについて考えてもらう機会を有してほしいと衷心より願っております。このテキストは，ただ知識を獲得する目的で使用するのではなく，学ぶ中でつねに学び考えることのできる保育者をめざしてほしいと思っています。

　最後に，このテキストが，将来の子どもから愛される多くの幼児教育・保育者希望の学生諸氏が手に取り，役立ててくれることを希望しております。

　2019年2月19日

編者の一人として　田中　卓也

幼児教育方法論

| 2019年4月10日 | 第一版第一刷発行 | ◎検印省略 |
| 2021年1月30日 | 第一版第二刷発行 | |

監修者　戸江茂博
編著者　田中卓也
　　　　松村　齋
　　　　小島千恵子

発行所　株式会社　学文社
発行者　田中千津子

郵便番号　153-0064
東京都目黒区下目黒3-6-1
電話　03(3715)1501(代)
https://www.gakubunsha.com

©2019 DOE Shigehiro　　Printed in Japan
乱丁・落丁の場合は本社でお取替えします。　印刷／新灯印刷株式会社
定価はカバーに表示。

ISBN 978-4-7620-2876-2